Títulos relacionados

ACTIVIDADES DE EDUCACIÓN EN EL TIEMPO LIBRE INFANTIL Y JUVENIL MF1866_2

MÓNICA SUÁREZ MARTÍNEZ

ISBN: 978-84-283-9682-0

TÉCNICAS Y RECURSOS DE ANIMACIÓN EN ACTIVIDADES DE TIEMPO LIBRE MF1868_2

AMARANTA LARA IGLESIAS

ISBN: 978-84-283-9685-1

Procesos grupales y educativos en el tiempo libre infantil y juvenil MF1867_2

Alfredo Alejandro Abad Villar

Maquetación: Ediciones Nobel
Impresión: Cimapress (Arganda del Rey, Madrid)
ISBN: 978-84-283-9689-9
Depósito legal: M-4035-2016

Impreso en España

Dedico este libro a mi mujer, Isabel, a mi hijo, Daniel,
y a toda mi familia.

Autor

Alfredo Alejandro Abad Villar es diplomado en Magisterio por Educación Física y Primaria (Universidad de Oviedo). Además, ha realizado estudios de psicopedagogía y ha publicado un libro sobre la educación física en edad escolar.

Tiene una dilatada experiencia docente de más de 20 años, y ha sido director y secretario de centro. Actualmente ejerce su labor docente como funcionario en el Principado de Asturias.

Índice

Introducción normativa

La Ley Orgánica 5/2002, de 19 de junio, de las Cualificaciones y de la Formación Profesional fue el primer texto legislativo que reguló de forma exclusiva las enseñanzas profesionales en España. Una de sus novedades consistió en relacionar directamente la formación con el empleo, permitiendo las convalidaciones y equivalencias entre la Formación Profesional del sistema educativo, la Formación Profesional para el empleo, y experiencia laboral. Para poder desarrollar estas medidas se creó el Sistema Nacional de Cualificaciones Profesionales y dos instrumentos básicos: el Catálogo Nacional de Cualificaciones Profesionales y el Catálogo Modular de Formación Profesional.

Las Cualificaciones Profesionales responden a la iniciativa que impulsa el Marco Europeo de las Cualificaciones (EQF), para facilitar un espacio abierto de aprendizaje y de empleo, así como la adecuación entre oferta y demanda no solo a nivel estatal, sino entre los distintos países.

El Catálogo Nacional de Cualificaciones Profesionales ordena las cualificaciones profesionales, incluyendo el contenido de la formación profesional asociada a cada cualificación, de acuerdo con una estructura de módulos formativos articulados en un Catálogo Modular de Formación Profesional. Entre sus principales objetivos tiene el posibilitar la integración de las ofertas de formación profesional, adecuándolas a las características y demandas del sistema productivo.

Para conseguirlo, este Catálogo, además de identificar y definir las cualificaciones profesionales que requiere el sistema productivo, establece los contenidos formativos básicos que resultan necesarios para que las ofertas formativas garanticen la adquisición de las competencias profesionales apropiadas para el desempeño profesional.

Las Cualificaciones Profesionales se acreditan mediante "Títulos" de Formación Profesional del sistema educativo, y Certificados de Profesionalidad de Formación para el Empleo. Ambas acreditaciones tienen carácter oficial y son válidas en todo el Estado.

Los contenidos asociados a las cualificaciones profesionales constituyen el Catálogo Modular de Formación Profesional, que se estructura en módulos formativos.

Mediante la superación de los módulos formativos, diseñados en itinerarios específicos para cada Cualificación Profesional, se puede obtener el Certificado de Profesionalidad correspondiente. Además, se posibilita la convalidación de determinados módulos profesionales incluidos en los títulos de Formación Profesional del sistema educativo, asociados a Unidades de Competencia comunes.

El Certificado de Profesionalidad es, por tanto, el instrumento de acreditación, en el ámbito de la Administración laboral, de las cualificaciones profesionales incluidas en el Catálogo Nacional de Cualificaciones Profesionales, adquiridas a través de procesos formativos o mediante procedimientos de reconocimiento de competencias profesionales adquiridas por experiencia laboral o vías no formales de formación, regulados por el Real Decreto 1224/2009, de 17 de julio.

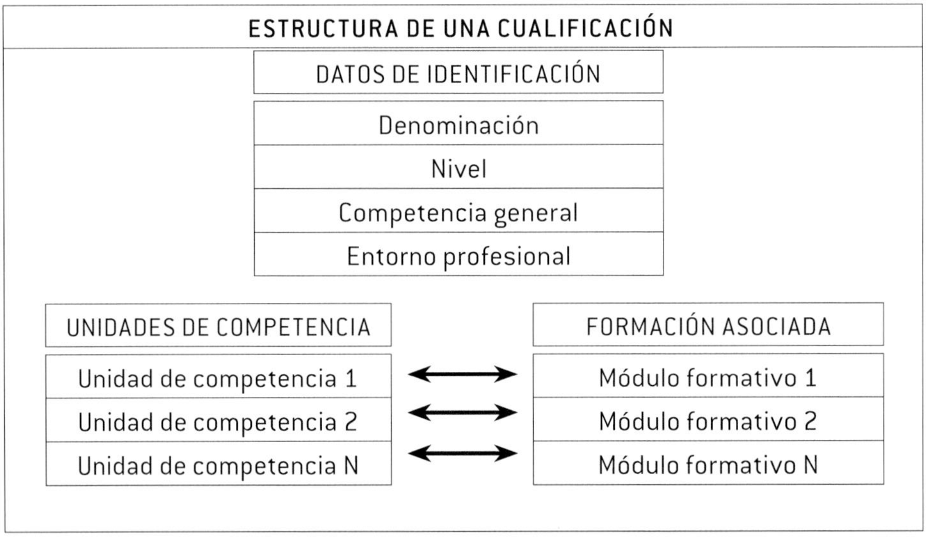

Las cualificaciones profesionales se estructuran en unidades de competencia, que se definen como agrupaciones de tareas productivas específicas que debe realizar el profesional. Las diferentes unidades de competencia de un certificado de profesionalidad conforman la Competencia General, definiendo el conjunto de conocimientos y capacidades que permiten el ejercicio de una actividad profesional determinada.

Cada unidad de competencia lleva asociado un módulo formativo, donde se describe la formación necesaria para adquirir esa unidad de competencia, pudiendo dividirse en unidades formativas.

El módulo formativo es el bloque coherente de formación asociado a cada una de las unidades de competencia que configuran la cualificación. Cada módulo formativo tiene un formato normalizado que incluye los datos de identificación y las especificaciones de la formación que se incluyen en las ofertas formativas conducentes a la obtención de los certificados de profesionalidad.

DATOS DE IDENTIFICACIÓN:

— Denominación.
— Nivel de cualificación al que se vincula.
— Unidad de competencia a la que está asociado.
— Código alfanumérico y duración en horas.

ESPECIFICACIONES DE LA FORMACIÓN:

— Capacidades: expresión de los resultados esperados de las personas en situación de aprendizaje al finalizar el Módulo Formativo.

— Criterios de evaluación: conjunto de precisiones para cada capacidad que indican el grado de concreción aceptable de la misma. Delimitan el alcance y nivel de la capacidad y el contexto en el que va a ser evaluada.

— Contenidos formativos necesarios para adquirir las competencias a las que se asocia. Requisitos básicos del contexto formativo: espacios e instalaciones y perfil profesional del formador. Estos requisitos tienen carácter orientador para la normativa básica reguladora de las ofertas formativas.

El presente libro desarrolla el Módulo Formativo denominada "Procesos grupales y educativos en el tiempo libre infantil y juvenil", MF1867_2.

Dicho Módulo Formativo está asociado a la Unidad de Competencia UC1867_2, perteneciente a las Cualificaciones Profesionales de referencia: SSC564_2, de nivel 2, incluida en el Certificado de Profesionalidad denominado "Dinamización de actividades de tiempo libre educativo infantil y juvenil". Todas ellas se encuentran dentro de la familia profesional Servicios socioculturales y a la comunidad.

Según el Real Decreto 1537/2011, de 31 de octubre, los contenidos que en esta obra se recogen se corresponden con una duración de 30 horas.

Tanto la estructura como el desarrollo del libro se ajustan al citado real decreto y más concretamente a los contenidos del Módulo Formativo que le da título "Procesos grupales y educativos en el tiempo libre y juvenil", MF1867_2.

Contenidos

1. **Aplicación del desarrollo psicosocial infantil y juvenil en las propuestas de actividades de tiempo libre**
   - Valoración de las fases de desarrollo personal: etapas en el desarrollo infantil y juvenil, desarrollo integral en infancia, adolescencia y juventud.
   - Identificación de las distintas áreas en el desarrollo infantil, adolescente y juvenil:
   - Sistemática de valoración de las preferencias y propuestas de actividades de tiempo libre según los grupos de edad y/o estadios evolutivos y nivel madurativo.
   - Técnicas de valoración de las implicaciones educativas según los niveles de desarrollo y maduración.
   - Procedimientos de valoración e intervención educativa ante diferencias entre los estadios madurativos y la realidad de los participantes en las actividades.
   - Sistemática para el análisis y gestión de fuentes de información sobre desarrollo psico-social y sociología juvenil. Análisis de las manifestaciones culturales infantiles y juveniles.

2. **Técnicas de intervención educativa en función de la diversidad individual y grupal**
   - Estrategias para la integración social en las actividades de tiempo libre infantil y juvenil. Análisis de causas que dificultan la integración social: culturales, socioeconómicas, etc.
   - Técnicas y recursos básicos de prevención y detección de conductas asociales, racistas y/o xenófobas. Técnicas de observación e intervención.
   - Técnicas de trabajo con personas con discapacidad: tipos de discapacidad, características y orientaciones.
   - Estrategias y técnicas de intervención para la educación intercultural.
   - Metodología de coeducación: construcción social de los roles, diversidad, intimidad, etc.
   - Procedimientos de valoración y actuación ante variaciones individuales y grupales: discapacidades y disfunciones, diversidad cultural, dificultades sociales o económicas, género, etc.
   - Identificación de los servicios especializados básicos que trabajan las distintas problemáticas individuales y sociales: las redes básicas de servicios sociales.

3. **Técnicas grupales en el desarrollo de actividades de tiempo libre infantil y juvenil**
   - Metodología para la valoración y gestión de grupos: tipología, elementos y roles; fases en el desarrollo y evolución de los grupos; dinámicas grupales.
   - Valoración de rasgos característicos y diferenciales en los grupos de tiempo libre.
   - Análisis y aplicación de técnicas grupales (de presentación y comunicación, de conocimiento y confianza; de afirmación, cohesión, integración y clima grupal; de comunicación y cooperación; de análisis y evaluación grupal; de gestión de conflictos; de toma de decisiones, etc.).
   - Valoración de las funciones del/a monitor/a en el grupo: dinamización, integración, fomento de la participación y comunicación en el grupo, intervención en situaciones problemáticas o de crisis grupal.

Introducción

El concepto de grupo es vital para entender el tipo de relaciones interpersonales. La definición más tradicional dice que se trata de "un conjunto de personas que interactúan de forma regular, tienen vínculos afectivos, comparten un marco de referencia común y son interdependientes conductualmente" (Levine y Moreland, 1994).

Desde el punto de vista estructural, se define el grupo como "un sistema organizado de dos o más individuos que llevan a cabo alguna función, relaciones de rol entre sus miembros y un conjunto de normas que regulan la función" (Shaw, 1976).

Por eso son importantes, en la convivencia y en las relaciones interpersonales, conceptos como el liderazgo. Cabe comentar que la formación de grupos no es algo estático, sino dinámico, que puede provocar el inicio o el declive del mismo. Esto puede afectar al rendimiento de distintos ámbitos de la vida y extrapolarlo al contexto educativo, donde se producen los grandes cambios educativos y donde se preparan generaciones de personas para el futuro.

1. Aplicación del desarrollo psicosocial infantil y juvenil en las propuestas de actividades de tiempo libre

Contenido

1.1. Valoración de las fases de desarrollo personal: etapas en el desarrollo infantil y juvenil, desarrollo integral en infancia, adolescencia y juventud

1.2. Identificación de las distintas áreas en el desarrollo infantil, adolescente y juvenil

1.3. Técnicas de valoración de las implicaciones educativas según los niveles de desarrollo y maduración

1.4. Procedimientos de valoración e intervención educativa ante diferencias entre los estadios madurativos y la realidad de los participantes en las actividades

1.5. Sistemática para el análisis y gestión de fuentes de información sobre desarrollo psico-social y sociología juvenil

1.1. Valoración de las fases de desarrollo personal: etapas en el desarrollo infantil y juvenil, desarrollo integral en infancia, adolescencia y juventud

En los desarrollos educativos y en las actividades grupales hemos de tener en cuenta las características psico-evolutivas del alumnado. Hay que distinguir las diversas fases por las que pasa el alumnado: infancia, adolescencia y juventud. Vamos a describir sus rasgos más característicos de estas etapas:

Características de la infancia

Vamos a realizar una descripción dividida en dos etapas, de 0 a 3 años y de 3 a 6 años, de aquellos rasgos más característicos del niño/a en estas edades.

Características generales del desarrollo del niño de 0 a 3 años

- Desarrollo psicomotor

  Como primera característica del desarrollo físico del niño o niña en esta primera infancia, podemos decir que él mismo sigue o se rige por tres leyes universales: ley o principio céfalo-caudal, según la cual el desarrollo se va sucediendo en un avance desde la cabeza a la "cola" o pies; la ley próximo-distal, que regula el desarrollo en la dirección de lo más "cercano a lo más distante", desde lo más próximo al eje corporal a lo más alejado. Además, se controlan antes los movimientos globales y amplios que los específicos. Así, por ejemplo, según el primer principio, será anterior el desarrollo de los órganos de la cabeza que de los pies; según el segundo, por ejemplo, el desarrollo de los movimientos de los hombros será anterior a los de la muñeca.

El desarrollo físico y psicomotor ocurre siguiendo una secuencia previamente ordenada y establecida, aunque hay grandes diferencias individuales en cuanto a la edad en que ocurren algunos episodios cruciales del desarrollo.

Se adquieren dos automatismos básicos: la prensión y la locomoción.

Estas características se tendrán en cuenta para el desarrollo del currículo.

- Desarrollo mental o cognitivo

  Haciendo un seguimiento a los estudios de Piaget, en su teoría interaccionista, el niño/a evoluciona en su desarrollo desde el nacimiento a la adolescencia a través de cuatro etapas: la sensorio-motora (desde el nacimiento a los 2 años); la pre-operacional (de los 2 a los 7 años); la operacional concreta (de los 7 a los 11 años) y la operacional formal (desde los 12 en adelante). Cada etapa es el resultado de la interacción de factores hereditarios y ambientales.

  Durante la etapa sensorio-motora, el niño/a presenta ya conductas inteligentes, aunque, en parte, el niño/a sea todavía pre-verbal. Pasa de tener reflejos primarios a convertirse en un ser que demuestra una perspicacia rudimentaria en su comportamiento. A lo largo de ella se desarrolla el concepto de permanencia de los objetos: el objeto dejaba de existir para el niño/a en el momento que desaparecía de su vista en los primeros momentos de su vida, al final de esta etapa (2 años), está desarrollado el concepto de permanencia de los objetos y el niño/a comprende las implicaciones de los desplazamientos visibles o invisibles.

- Desarrollo afectivo y de la personalidad

  Respecto al desarrollo emocional y la naturaleza de las emociones, ha habido mucho desacuerdo en las diferentes tendencias de investigación; así, mientras el conductista James Watson atribuía a los niños/as un carácter innato en tres tipos de emociones (amor, ira y temor) y consideraba el desarrollo emocional un proceso de condicionamiento, Bridges sostenía que los bebés solo tenían una emoción, la excitación, que gradualmente se va diferenciando en una gama más amplia de manifestaciones emocionales. Hoy, se considera que estas dos teorías son interpretaciones limitadas de las emociones infantiles.

  Otras teorías muy influyentes en la ciencia del comportamiento, y con arraigo en la literatura científica psicológica, son la psicosexual de Freud y la psicosocial de Erikson. Freud caracteriza la etapa desde el nacimiento hasta el año y medio –etapa oral– como etapa de placer y satisfacción a través de los estímulos orales. Posteriormente, desde el año y medio hasta los tres años –etapa anal– los estímulos placenteros se recibirán a través de los movimientos intestinales. Durante esta primera infancia, el bebé trabaja fundamentalmente bajo el principio del placer.

Erikson sostiene que el niño/a, desde el nacimiento hasta el primer año y medio de vida, experimenta la primera de una serie de ocho crisis que influyen en el desarrollo psicosocial a través de la vida. La primera a la que hacemos referencia sería la de la confianza o desconfianza básica, seguida por otra crisis entre el año y medio y los tres años en que desarrolla un sentido de autonomía o sentimiento de vergüenza y duda.

Características generales del desarrollo del niño de 3 a 6 años

En este periodo, es de una importancia fundamental, por cuanto en muchos de los niños/as significa un principio de socialización a través de la escuela y el grupo de compañeros de juego, y supone la configuración de una personalidad de acuerdo con el desarrollo madurativo y una influencia decisiva del entorno.

- Desarrollo psicomotor

  Supone un incremento rápido en estos años que se corresponden con el 2º ciclo de la Educación Infantil. Algunas características generales son: la maduración del sistema muscular y nervioso y la estructura ósea, habiendo aparecido ya la primera dentición.

  Algunos factores, como la desnutrición o la privación de afectos, tienen una incidencia significativa en el proceso de crecimiento, mostrando los niños/as desnutridos retrasos en el desarrollo óseo, y circunferencias craneales más pequeñas que los bien alimentados.

  Resulta una etapa en la que tienen gran importancia las destrezas motoras y hay un evidente avance en la coordinación de los músculos mayores y menores y en la coordinación óculo-manual. De aquí la importancia que dentro del currículo se otorga al contacto del niño/a con materiales de naturaleza diferente y experiencias diversas que posibiliten ejercitar las habilidades motora y manipulativas esenciales para el posterior desarrollo de aprendizajes instrumentales escolares.

- Desarrollo mental, cognitivo y del lenguaje

  Durante este periodo cronológico, el niño y la niña representan un pensamiento más flexible, pero sin tener aún la madurez de un adulto, no posee todavía pensamiento abstracto. En esta etapa pre-operacional de desarrollo cognitivo, Piaget se desarrollo la función simbólica, que permite representar al niño/a lugares y eventos de su mundo interior, de su propio mundo. Esta función simbólica se manifiesta en el lenguaje, la imitación diferida y el juego simbólico, todavía el niño/a se encuentra con limitaciones impuestas por el egocentrismo y la irreversibilidad. Estamos en un periodo muy importante para estimular y desarrollar la cognición.

El lenguaje, en este periodo, es fundamentalmente egocéntrico y socializado. Según Piaget y Vygotski, este lenguaje no tiene en cuenta las necesidades de quien escucha, convirtiéndose poco a poco en un lenguaje que resulta mecanismo de comunicación.

Otra de las características típicas de este período es el juego. A través del juego, los niños/as ejercitan una actividad física fundamental, aprenden acerca del mundo y hacen frente a sus sentimientos en conflicto al re-escenificar situaciones de la vida real. La evolución pasa desde el juego solo, al juego con otros pero sin compartir, y, finalmente, al juego compartido con otros niños/as en colaboración.

- Desarrollo afectivo y de la personalidad

  De acuerdo con el análisis psicodinámico (Freud), en este periodo, posicionamos al niño/a de educación infantil en la etapa fálica de su desarrollo psicosexual, obteniendo placer en su estimulación genital. Otras circunstancias que se recogen en este período son, también, los complejos de Edipo en el niño y el de Electra en la niña.

  El autoconcepto desempeña un papel central en el psiquismo del individuo, siendo de gran importancia para su experiencia vital, su salud psíquica, su actitud hacia sí mismo y hacia los demás en definitiva, para el desarrollo constructivo de su personalidad.

- Desarrollo social

  — Una conducta de apego como resultado de una relación afectiva fundamentalmente madre-hijo, que va a tener una relevancia importante en la configuración de la personalidad del individuo.

  — Un reconocimiento o autoconocimiento de sí mismo, comenzando por la propia imagen, diferenciando el yo del no-yo, para descubrir al final de esta etapa la existencia de los otros.

  En el ciclo de los 3-6 años son características relevantes:

  — Una conducta de grupo, tras el descubrimiento de los otros donde se va a desarrollar aspectos tan importantes como el juego en un principio paralelo y posteriormente compartido, conflictos por la posesión de los objetos primeros contactos con la norma...

Destacar que el conocimiento de estas características, junto con las necesidades derivadas de los ritmos biológicos propios de esta edad, no solo permiten avanzar en el desarrollo armónico e integral de nuestros alumnos, sino que también justifica el trabajo por rutinas y gran parte de la organización de un centro de Educación Infantil.

Principales factores que intervienen en su desarrollo

La mayor parte de los psicólogos están de acuerdo en considerar que nos convertimos en quienes somos a través de la interacción de la herencia con el entorno. Nuestra predisposición genética afecta a nuestro entorno y éste, a su vez, influye en nuestra predisposición heredada.

La meta de los investigadores del desarrollo es comprender los cambios relacionados con la edad que suceden en un ciclo de vida que va desde el óvulo fecundado hasta la vejez. A este proceso de cambios a lo largo de la vida le denominamos desarrollo, y es el resultado de la interacción.

Ya hemos dicho que el desarrollo es un proceso de cambios en el comportamiento, en el pensamiento, en la afectividad, relacionados con la edad y con las diferentes formas de organizar la actividad; y que estos cambios son el resultado de la interacción herencia-entorno.

Vamos a ver ahora algunas características de este proceso:

- El desarrollo es continuo, es decir, acontece a lo largo de la vida, en todos los momentos de la misma, en el transcurrir de los días, semanas, meses y años.
- Es acumulativo, esto explica que la capacidad de aprender depende en parte de las experiencias previas en situaciones semejantes.
- Es discrecional, es decir, va de menor a mayor complejidad. Así, podemos observar cómo la habilidad del niño para coger y soltar un juguete se perfecciona y se vuelve precisa en los primeros años.
- El desarrollo es organizado. Las acciones de los niños se van organizando poco a poco, tanto en motricidad gruesa como en motricidad fina. La coordinación, precisión, rapidez y fuerza para correr, saltar, coger y soltar, supone integración y organización de acciones de diferentes músculos y funciones sensoriales.
- Es diferenciado. Esto significa que las acciones de los niños al principio son globales y, poco a poco, van haciendo diferenciaciones, cada vez más precisas en lo que perciben, sienten, piensan y hacen.
- Por último, el desarrollo es holístico, es decir, las adquisiciones diversas están siempre integradas y o aisladas. Los diferentes aspectos del desarrollo cognitivo, social, motriz y lingüístico están relacionados, dependen unos de otros.

Puesto que los psicólogos del desarrollo estudian el cambio a lo largo del tiempo, pueden observar que la conducta de un sujeto depende tanto de su naturaleza como de las normas de crianza.

Unos autores creen que en nuestra personalidad y en nuestras acciones influyen más los factores biológicos. Otros, por el contrario, opinan que las experiencias del ambiente son más decisivas. Según esto podemos hablar de determinantes biológicos y de determinantes ambientales.

Determinantes biológicos

- Los específicos de cada especie, que son las características genéticas propias de los miembros de una especie, haciendo que todos los humanos seamos iguales. Así, por ejemplo, ningún niño nace con la capacidad para caminar erguido, para coger una pinza o para soltar de forma automática.
- Las genéticas de cada persona, que son las que establecen las diferencias entre los individuos.

Estos dos tipos de determinantes biológicos actúan a través de los genes y constituyen nuestra naturaleza, contribuyendo tanto a establecer las semejanzas entre las personas como sus diferencias.

Determinantes ambientales

Podemos considerar que son influencias ambientales, tanto el entorno físico (el barrio en el que vivimos), como el social (las personas, costumbres, las creencias, familias, otras instituciones), como el individual (nuestra propias experiencias en el camino particular por la vida).

Otros tipos de determinantes ambientales son el contexto cultural (valores, actitudes ante la vida), el contexto histórico, el contexto étnico (compartir tradiciones, una determinada religión, una lengua, una educación) y el contexto socioeconómico. Los acontecimientos históricos pueden condicionar el desarrollo, así como el hecho de pertenecer a una determinada generación y vivir circunstancias históricas y sociales semejantes.

Como resumen, podríamos decir que los principales factores que intervienen en el desarrollo son:

- Alimentación y nutrición.
- Otras variables: cuidado o atención sanitaria, hábitos de higiene, estimulación.

Factores biológicos o internos

- Herencia.
- Maduración del sistema nervioso.

Etapas y momentos más significativos

Tradicionalmente, se ha descrito el proceso evolutivo del individuo a través de unos estadios que venían marcados por unos hitos evolutivos que señalaban y caracterizaban los principios y finales de esas etapas o estadios.

Las etapas se establecen en función de algún acontecimiento específico que marque un avance en el desarrollo a una determinada edad. Variarán en su clasificación según el autor que estudiemos.

No debemos de olvidar que el desarrollo se produce en cuatro áreas íntimamente relacionadas: cognitiva, motora, afectiva y social.

A continuación se describen las características más relevantes de las etapas, según Piaget y Freud.

Infancia

En los primeros años de vida, el niño es un ser indefenso y heterónomo. Hasta llegar a la autonomía total será necesario un largo proceso, no solo madurativo a nivel biológico y psicológico, sino también de aprendizaje social y emocional.

0 a 2 años:

- **Desarrollo cognitivo**

  Según Piaget, nos encontraríamos en la etapa sensoriomotora, que abarca desde los 0 hasta los 2 años. Conocemos el mundo a través de nuestros sentidos (primeros en desarrollar) y la motricidad. El niño va tras la conquista del objeto.

  El desarrollo cognitivo implica un proceso de descentración progresiva y de conocimiento objetivo de la realidad. Poco a poco el niño irá construyendo la noción de objeto.

- **Desarrollo motor**

  Según Piaget: "la acción es la génesis de todo conocimiento".

En esta etapa son muy importantes los movimientos reflejos o respuestas condicionadas a determinados estímulos (si no hay respuestas, podría ser un síntoma de una lesión del sistema nervioso).

Algunos tipos de movimientos reflejos son: reptación, rotación, succión, de prensión o palmar, de moro, de Babinsky (si se golpea la palma del pie los dedos del pie se contraen), etc.

La comunicación del niño con el ambiente se inicia a través del lenguaje del cuerpo, antes que el lenguaje de la palabra aparezca. Tiene gran importancia la relajación y la tensión en el tono muscular y en la función tónica-gestual. El movimiento del cuerpo es fuente de conocimiento y de experiencia. Gracias a la estimulación externa el niño tendrá una motricidad más intencional.

Alrededor de los 15 meses el niño comenzará a andar y sobre los 20 meses empezará a correr y el movimiento será más coordinado y diferenciado. Todo ello le permitirá ampliar su conocimiento del mundo.

- **Desarrollo afectivo:**

El bebé desde dentro del vientre materno vive una simbiosis con la madre, que, después del nacimiento, precisará para desarrollarse con normalidad. Tras el parto, el bebé tendrá un bombardeo de estímulos y comenzará a tener necesidades fisiológicas, afectivas, necesidad de seguridad, etc.

De todas las teorías clásicas sobre el desarrollo de la personalidad, la que más seguidores ha conseguido han sido las teorías psicoanalíticas, cuyo precursor fue Sigmund Freud. Este autor une el desarrollo de la personalidad al desarrollo de la sexualidad. Entre los 0 y los 2 años estaríamos hablando de la etapa oral. Se trata de la una estimulación de la zona bucal, las actividades serán las de chupar, masticar y morder, etc. y a través de ello conoce el mundo que le rodea. El placer se produce por la alimentación y el objeto de deseo es el pecho de la madre.

Un aspecto muy importante en el desarrollo afectivo del niño es la instauración del apego (Bolby) alrededor de los dos años. Se trata de sentimientos que unen al niño con los padres o personas que le cuidan. Es un vínculo emocional que implica el deseo de mantenerse en contacto por medio de la cercanía física.

Los niños necesitan formar un vínculo afectivo seguro hacia alguien. Este vínculo desarrolla un conjunto de respuestas complementarias a las conductas del bebé y estas conductas son:

— Preferencia sensorial a distintos niveles:

1. Auditivo: prefiere la voz humana y distingue la voz de la madre o padre, música, sonidos familiares, etc.

2. Visual: reconoce el rostro humano y fija la mirada en los ojos.
3. Atención diferencial: dirige su atención hacia los estímulos que proceden de sus congéneres con preferencia.

— Conductas vinculares o señalizadoras:

1. Llanto y sonrisa.
2. Amamantamiento: conducta de interacción.
3. Intercambio vocal: tiene como fin potenciar los intentos vocálicos preverbales del niño.
4. Conductas visuales: el bebé y el adulto utilizan la mirada para crear un diálogo.

— Las fases del desarrollo del apego son:

1. El bebé dirige sus conductas vinculares hacia todas las personas de su entorno sin distinción.
2. Comienza a seleccionar y priorizar la elección de la madre.
3. El apego queda establecido y hay un rechazo hacia lo desconocido.

Poco a poco el niño irá tolerando la frustración por la separación o ausencia de los padres.

El apego influye de modo decisivo en el desarrollo personal, social y cognitivo posterior del niño y a través de él adquiere seguridad.

- **Desarrollo social**:

Alrededor de los 4-6 meses la sonrisa será más selectiva y tendrá un mayor interés por los rostros familiares y los extraños les crearán angustias.

Sobre los 6 meses comenzarán los juegos alternativos, donde el niño sigue lo que el adulto hace y el adulto le da intencionalidad. Ejemplos: Cinco lobitos, cucu tras.

A los 7 meses diferenciará el lenguaje adulto y a los 8 meses será más confiado y situará rostros y objetos. Aparecerá el juego solitario que cambiará al juego paralelo a los 18 meses. En este tipo de juegos los niños parece que juegan juntos, pero no lo hacen, se denomina monólogo compartido donde el lenguaje aun no es un instrumento de intercambio.

A los 2 años su organización del mundo es egocéntrica y aparecerá la moral heterónoma (2-7 años) donde los castigos son causa- efecto y las normas son castigos, son normas coercitivas, el niño no entiende de donde vienen las normas.

2 a 6 años

- **Desarrollo cognitivo**:

  Lo más importante es el desarrollo de la inteligencia infantil y, a esta etapa, la denomina Piaget etapa pre-operativa o pre-operacional, donde se afianza la función simbólica.

  La etapa pre-operativa es un periodo de preparación a las operaciones concretas y los elementos que la caracterizan son:

  — Pensamiento simbólico y pre-conceptual (de un año y medio, 2 años a 4 años): aparece la función simbólica en el lenguaje, el juego simbólico (escoba como caballo), la imitación diferida y la imagen mental y el lenguaje.

  — Pensamiento intuitivo (de 4 a 6 o 7 años): representaciones basadas sobre configuraciones estáticas.

  Las características concretas de este tipo de pensamiento son:

  — Ausencia de equilibrio: no hay todavía equilibrio entre asimilación y acomodación (ante un concepto nuevo: la asimilación: se incorpora un nuevo elemento y la acomodación: reajuste hasta acomodarlo y se denomina conflicto cognitivo).

  — Experiencia mental: aprende la realidad a través de acciones y sus resultados sin usar todavía construcciones abstractas.

  — Centración: tendencia a fijar la atención en solo algunos aspectos de la situación provocando una deformación del juicio. Centra la atención en una situación determinada.

  — Irreversibilidad: carece de la movilidad y reversibilidad de los actos mentales. No ve relaciones entre la cosas. Ejemplo: sabe que tiene un hermano, pero no ve que, a su vez, él también es hermano de su hermano.

  — Estatismo: tiende más a fijarse en los estados que en las transformaciones.

  — Egocentrismo: tienden a tomar el propio punto de vista como único.

  — Yuxtaposición. Según Piaget, "es el fenómeno según el cual el niño es incapaz de hacer un relato de una forma coherente y tiene la tendencia a realizar una serie de afirmaciones incoherentes, entre las que no existen relaciones causales o temporales ni lógicas".

- **Desarrollo motor:**

  El niño no deja de ganar peso y altura. El crecimiento del cerebro trae como consecuencia que el niño va adquiriendo un progresivo control sobre su propio cuerpo de acuerdo con las leyes de crecimiento o los gradientes de crecimiento:

— Céfalo-caudal.

— Próximo-distal.

— General-específico.

También son importantes los automatismos básicos, que son la prensión y la locomoción.

Todo esto permitirá una serie de avances a diferentes niveles:

— Autocontrol:

  - Control de esfínteres: se produce entre los dos años y medio y los tres años. Primero se producirá de día y luego de noche y primero será la anal y luego la orina.

  - Control de piernas: a partir del segundo año el niño irá ganando en la firmeza, finura y precisión de los movimientos de las piernas.

  - Motricidad fina: irá adquiriendo mayor control en movimiento de manos y dedos.

— Preferencia lateral (lateralidad): se suele producir entre los tres y los seis años.

— Esquema corporal: se refiere a la representación que tenemos de nuestro cuerpo. La representación se consigue a través de un proceso de ensayo-error (proceso de aprendizaje). El esquema corporal es fundamentalmente una representación simbólica primero de las diferentes partes de nuestro cuerpo por separado y posteriormente del conjunto que éstas forman. Es un proceso progresivo que se da aproximadamente a los 5 años (yo corporal) cuando el niño integra conscientemente las distintas partes en un todo y la reflexión del movimiento.

- **<u>Desarrollo afectivo:</u>**

Según Freud, entre los 2 y 3 años el niño se encontraría en la fase anal, en la cual obtiene placer en la retención y expulsión de heces y consigue cierto control sobre los padres.

También entre los 3 y hasta los 6 años podemos hablar que el niño se encuentra en la fase fálica, donde el niño descubre las diferencias anatómicas entre el hombre y la mujer. El placer se localiza en la zona genital y buscará el placer a través de las auto-estimulaciones. El conflicto central será el complejo de

Edipo en niños y el complejo de Electra en niñas (deseos hacia el progenitor de sexo opuesto y hostilidad hacia el del mismo). Cuando reprimen estos sentimientos pasan a otra fase del desarrollo.

Las fuentes de conocimiento de los niños en estas edades son las plantas, los animales, las personas, los juguetes y los fenómenos naturales.

- **Desarrollo social:**

  Nos referimos al desarrollo del conocimiento y la comprensión del niño del sistema social en el que vive.

  Hay que distinguir dos aspectos:

  — Conocimiento del otro.

  — Relaciones interpersonales. Se caracterizan por:

  Consideran las relaciones como algo dado e incluso impuesto.

  Cada etapa genera unas necesidades que también han de atenderse en la escuela (de comunicación, de indagación...).

  Es importante la colaboración con las familias y otros principios como el juego.

Implicaciones educativas

La importancia del papel del adulto en el desarrollo de las potencialidades del niño es muy importante, en su proceso de descentración. No obstante, las implicaciones se han de centrar en:

- La educación debe adaptarse al ritmo de cada niño, desarrollar sus potencialidades.
- El alumno como protagonista.
- Relación entre desarrollos.
- Primero capacidades sensoriales más ritmos estables, ambiente lúdico, afecto y seguridad.
- Abordaje integral.
- Juego, motivación.

A continuación explicaremos las características más significativas de la adolescencia.

La adolescencia es un desarrollo biológico, psicológico, sexual y social inmediatamente posterior a la niñez y que comienza con la pubertad. Es un periodo vital entrela pubertad y la edad adulta, su rango de duración varía según las diferentes fuentes y opiniones médicas, científicas y psicológicas, generalmente se enmarca su inicio entre los 10 y 12 años, y su finalización a los 19 o 20.

Para la OMS, la adolescencia es el período comprendido entre los 10 y 19 años y está comprendida dentro del período de la juventud –entre los 10 y los 24 años–. La pubertad o adolescencia inicial es la primera fase, comienza normalmente a los 10 años en las niñas y a los 11 en los niños y llega hasta los 14-15 años. La adolescencia media y tardía se extiende, hasta los 19 años. A la adolescencia le sigue la juventud plena, desde los 20 hasta los 24 años.

Algunos psicólogos consideran que la adolescencia abarca hasta los 21 años e incluso algunos autores han extendido en estudios recientes la adolescencia a los 25 años.

La adolescencia es principalmente una época de cambios. Es la etapa que marca el proceso de transformación del niño en adulto, es un período de transición que tiene características peculiares. Se llama adolescencia, porque sus protagonistas son jóvenes que aún no son adultos, pero que ya no son niños. Es una etapa de descubrimiento de la propia identidad (identidad psicológica y sexual), así como la de autonomía individual.

En el aspecto emocional, la llegada de la adolescencia significa la eclosión de la capacidad afectiva para sentir y desarrollar emociones que se identifican o tiene relación con el amor. El adolescente puede hacer uso de su autonomía y comenzar a elegir a sus amigos y a las personas que va a querer. Hasta entonces no ha escogido a sus seres queridos. Al nacer, conoció a sus padres y tal vez a algunos hermanos y el resto de sus familiares. Después, de alguna manera, sus padres fueron eligiendo sus compañeros de clase y amigos. Pero al llegar a la adolescencia, puede hacer uso de cierta capacidad de elección para poner en marcha uno de los mecanismos más significativos de esta etapa. Llevando implícita la capacidad para discriminar sus afectos: querer de diferente manera a cada persona que le rodea y personalizar sus afectos. Esto debido a la llegada del pensamiento abstracto que le permite desarrollar su capacidad para relativizar. La discriminación de afectos, a través del establecimiento de diferencias en el tipo y la profundidad de sentimientos, le permite la personalización de sus afectos. El adolescente está en un camino medio entre la edad adulta y la infancia, en lo que hace referencia a la vivencia de sus emociones, estando presente una mezcla singular de sus comportamientos. Todavía tiene una forma de manifestar sus deseos mediante una emotividad exacerbada o con la espontaneidad propia de la infancia, pero ya empieza a actuar de una manera sutil en las interacciones, o con una cierta represión relativa de sus emociones, tal como hace el adulto.

La adolescencia se caracteriza por el crecimiento físico y desarrollo psicológico, y es la fase del desarrollo humano situada entre la infancia y la edad adulta. Esta transición debe considerarse un fenómeno biológico, cultural y social.

Muchas culturas difieren respecto a cuál es la edad en la que las personas llegan a ser adultas. En diversas regiones, el paso de la adolescencia a la edad adulta va unido a ceremonias o fiestas , como por ejemplo en el Benei Mitzvá, que se celebra a los 12 años para las niñas y 13 años para los niños (12 años para los niños ortodoxos). Aunque no existe un consenso sobre la edad en la que termina la adolescencia. El psicólogo Erik Erikson considera que la adolescencia abarca desde los doce o trece años hasta los veinte o veintiún años. Según Erik Erikson, este período de los 13 a los 21 años es la búsqueda de la identidad, define al individuo para toda su vida adulta quedando plenamente consolidada la personalidad a partir de los 21 años. Sin embargo, no puede generalizarse, ya que el final de la adolescencia depende del desarrollo psicológico, la edad exacta en que termina no es homogénea y dependerá de cada individuo, etc.

La socialización es otra característica de los adolescentes, ya que comienzan a relacionarse más con sus padres y a separarse de su familia. Durante la niñez, los niños son leales a sus modelos de roles adultos, como los padres o los maestros. Sin embargo, durante la adolescencia, esta lealtad cambia, haciendo a los preadolescentes más leales a sus amigos y pares. Para los adolescentes, la autoestima depende, en gran medida, de su vida social. Las chicas tienden a apegarse a grupos pequeños de amigas cercanas, mientras que los chicos construyen redes sociales más amplias. Los adolescentes están bien conscientes de los otros y de cómo son percibidos durante esta etapa.

La adolescencia es un momento en el que las emociones comienzan a sobresalir. Los padres y los maestros pueden observar conductas argumentativas y agresivas debido a emociones intensas y súbitas. Los adolescentes, además, están regularmente sumergidos en sí mismos. Se preocupan más por ellos debido a que están comenzando a desarrollar el sentido de sí mismos, pero también están explorando sus propios procesos de pensamiento y su personalidad. Las posibilidades empiezan a verse infinitas durante esta etapa, llevando a algunos adolescentes a ser demasiado idealistas. También creen que sus propios pensamientos y sentimientos son únicos, dudando que otros puedan posiblemente entender lo que están atravesando.

Principales teorías sobre la adolescencia

- <u>Teoría psicoanalítica de Freud</u>: según esta teoría, la adolescencia es un estadio del desarrollo en el que brotan los impulsos sexuales y se produce una primacía del erotismo genital. Supone, por un lado, revivir conflictos edípicos infantiles y la necesidad de resolverlos con mayor independencia de los progenitores y un cambio en los lazos afectivos hacia nuevos objetos amorosos.

- Teoría de la adolescencia de Erikson: en esta teoría la adolescencia es una crisis normativa, donde la tarea más importante es construir una identidad coherente y evitar la confusión de papeles.
- Teoría de Elkind: este autor habla de dos aspectos del egocentrismo adolescente. La primera "audiencia imaginaria", que es la obsesión que tiene el adolescente por la imagen que los demás poseen de él, y la creencia de que todo el mundo le está observando; y "la fábula personal", que es la tendencia a considerar sus experiencias como únicas e irrepetibles.
- Teoría de Coleman: este autor toma la adolescencia como crisis. Los conflictos se dan en secuencia, de tal forma que el adolescente les hace frente y los resuelve sin saturarse.

Por último, detallaremos las características más relevantes de la juventud.

La juventud es la etapa posterior a la adolescencia. Se caracteriza por ser una etapa más tranquila que la anterior. La juventud es una etapa que se caracteriza marcadamente por cambios consecutivos.

La juventud es una etapa que se caracteriza también por la presencia constante de decisiones que pueden marcar el rumbo de tu vida hacia lo bueno o hacia lo malo. Muchas veces el joven se encuentra con una inestabilidad marcada al momento de decidir.

Esta parte de la vida está comprendida entre la infancia y la edad adulta. Podemos hablar de tres rasgos en su desarrollo: a) desarrollo orgánico, b) desarrollo social y c) desarrollo espiritual.

a) El desarrollo orgánico del joven modifica formas y funciones del cuerpo el cual se va transformando paulatinamente en adulto.

b) El desarrollo social del joven hacia la independización del hogar paterno y el familiarizarse con nuevas relaciones sociales es un proceso natural.

c) El desarrollo espiritual, a diferencia de los dos anteriores, no es un proceso natural, es un proceso cultural que se despliega en el juego conjunto de autoeducación y educación receptiva, con dificultades y esfuerzos orientados a conseguir la perfección. Precisando, además, de la maduración de funciones fundamentales como son las intelectuales, emocionales y volitivas; esto formará un adulto autónomo con valores y valoraciones, ideas e ideales orientados en un orden axiológico.

Podemos dividir la etapa juvenil en cuatro fases:

1) Prepubertad: en el sexo femenino comienza aproximadamente a los 10 y a los 11 en el masculino.

2) Pubertad: 13 años y 14 años respectivamente.

3) Crisis juvenil: 14 años para las niñas y 16 años para los niños.

4) Adolescencia o juventud: para las jóvenes los 15 años y para los jóvenes los 17 años.

- Prepubertad: dejemos de lado los cambios físicos, por todos conocidos, que se operan en esta etapa y profundicemos en lo intelectual-afectivo-volitivo (voluntad), ámbitos sobre los que se ven reflejados dichos cambios.

  Labilidad del comportamiento: la conducta se hace disarmónica, por lo que decimos que hay labilidad del comportamiento, alternancia entre travesuras y relajamiento, batir un récord a toda costa y la pereza total, osadía y timidez, comunicabilidad e impenetrabilidad.

  Disminución del rendimiento: labilidad, negativismo y laxitud provocan una disminución visible del rendimiento tanto en el colegio como en el seno familiar. En la escuela están distraídos, aturdidos, olvidadizos y no muestran interés. En vez de atender en clase, se quedan "en babia", charlan, se ríen o leen bajo el banco papeles que van de mano en mano. Descuidan las tareas de su casa, sus carpetas dejan mucho que desear en cuanto a orden y limpieza se refiere. Hasta su escritura se muestra deforme, irregular con borrones y enmiendas frecuentes, lo que refleja la desintegración del movimiento por el crecimiento desmedido de los miembros superiores.

  Todo el organismo psicofísico se inclina a una mayor fatiga, debido a que los órganos interiores no crecen en la misma proporción que las piernas y por eso sufren sobrecarga, particularmente pulmones y corazón. Por lo tanto, su tamaño externo suele confundir en cuanto a su capacidad, pero en tanto no se complete el desarrollo interno, se debe dosificar el esfuerzo en esta etapa.

  Son muy frecuentes los problemas de salud debido a una labilidad neurovegetativa, en especial problemas cardíacos, circulatorios, perturbaciones psicógenas y neuróticas. Desintegración y transformación psicológicas: Los caracteres de la etapa antes mencionados derivan en esta desintegración y disarmonía íntimas, para dar lugar a cambios profundos:

— Transformación del pensamiento concreto en pensamiento abstracto: el pensar intuitivo concreto cambia por el pensar abstracto, es decir, no necesita ya asirse a las imágenes representativas del objeto; va independizándose de ellas. Esto se refleja en la formulación de definiciones. Empiezan a resolverse las operaciones lógico-formales; los alumnos se vuelven ahora maduros para el álgebra, su expresión oral y escrita gana en cohesión y lógica (supuesta la disciplina escolar necesaria). También se desarrolla el pensar técnico-constructivo que se iniciara a los 9 años.

— Transformación de la memoria mecánica en lógico-discursiva: hasta los 12 años poseía el niño una memoria mecánica notable, a partir de esta edad decae su rendimiento puesto que su pensamiento se transforma y necesita relacionar lógicamente los contenidos para retenerlos.

En la juventud, el individuo se encuentra desarrollado a nivel sexual pero carece aún de la **madurez emocional** que se requiere para enfrentar los conflictos de la vida adulta. La adultez, por lo tanto, es un estado al que se llega gracias a la experiencia de vida.

1.2. Identificación de las distintas áreas en el desarrollo infantil, adolescente y juvenil

Las áreas en el desarrollo infantil, adolescente y juvenil se concretan en: área física, motora, socio-afectiva y cognitiva.

En primer lugar, se encuentra el área física o motora, que es la evolución de las habilidades y destrezas debido a los procesos de maduración y crecimiento.

En segundo lugar, se encuentra el área socio-afectiva que es el desarrollo de los aspectos emocionales, afectivos y sociales que se inicia desde antes del nacimiento y que dura toda la vida.

En tercer lugar, está el área del lenguaje, el sistema de comunicación que incluye símbolos, gestos y sonidos. Su desarrollo depende de variables contextuales (estímulos), la maduración y la capacidad intelectual.

Y, por último, el área cognitiva, que es el conjunto de procesos implicados en el procesamiento y organización de la información recibida para resolver situaciones nuevas de forma original y creativa, teniendo en cuenta las vivencias y las experiencias previas.

1.2.1. Sistemática de valoración de las preferencias y propuestas de actividades de tiempo libre según los grupos de edad y/o estadios evolutivos y nivel madurativo

A efectos de establecer las condiciones de ejecución, según el grado de dificultad y riesgo, las actividades programadas dentro de una actividad de tiempo libre se pueden clasificar en:

- **Actividades ordinarias**: son las que se hacen durante la actividad y que no representan riesgo para los niños y jóvenes, como son los talleres, los juegos, las representaciones, baloncesto, tenis de mesa, tenis o similares.
- **Actividades extraordinarias**: son las que se hacen al aire libre, en contacto con la naturaleza, pero que no suponen dificultad especial o riesgo importante para los niños o jóvenes ni exigen un grado importante de destreza para su realización, como son el senderismo, la natación, una salida en bicicleta, las carreras de orientación, las marchas por etapa, excursionismo o similares.
- **Actividades extraordinarias de aventura o de riesgo**: son aquellas a las cuales son inherentes el factor de riesgo o un grado importante de destreza para practicarlas, cualquiera que sea el nivel de las personas que las tienen que hacer, como es el caso de la hípica, la espeleología, la escalada, el descenso de barrancos, el submarinismo o similares, o de actividades al aire libre de aventura que impliquen la utilización de material específico,

como son cuerdas de escalada, embarcaciones, arcos, vehículos de motor o material aéreo.

Las actividades programadas para alumnado en periodo de infancia las clasificaremos en función de su edad.

Educación infantil (3-6 años).

Educación primaria (6-12 años).

Actividades para niños de 3-6 años

El teléfono roto

Coloca a los niños en dos filas, **formando dos equipos,** y dile una frase al oído al primero de cada grupo, cuanto más larga y complicada sea, mejor –puedes optar por **un trabalenguas**–. Cada niño deberá susurrarla al oído del siguiente. El último dirá en voz alta lo que ha entendido y ganará el equipo cuya frase se parezca más a la que tú dijiste.

Caballería

Se coloca a todos los niños **en una fila.** Uno de los pequeños ejerce de caballero, situándose enfrente de ellos. Cuando grite **"¡caballería!",** el resto deberá salir corriendo para llegar a tocar el muro que estará a la espalda del caballero sin ser atrapados por él. Todos los "potrillos" cazados se convierten en caballeros y empiezan también a cazar. El primer jugador atrapado liga en el turno siguiente. También pueden practicar todos estos juegos relacionados con el deporte.

Lucha entre serios

Colocados en dos filas, una frente a otra, el objetivo de este juego es **lograr que el jugador contrario se eche a reír antes.** Para ello, solo podrán hacer muecas, todas las que deseen. Guiñar un ojo, sacar la lengua, meterse el dedo en la nariz, intentar deformarse los párpados... Gana el equipo que más aguante sin reír. Después, como variantes al juego, se podrán contar chistes y que los otros jugadores tengan que aguantar sin reírse.

Como en la bolera

Se llenarán varias **botellas vacías** de agua con un poco de arena y se colocarán a unos diez metros de los niños. Con un **balón de baloncesto**, tendrán que derribar todos los que puedan. Organízales por equipos para ver quién gana.

La guerra del agua

Cubos, globos, gorros, pistolas... Entrega a los niños varios de estos instrumentos, repártelos en dos equipos y ¡que empiece la guerra! El bando vencedor será el que consiga mojar más al contrario.

Vamos en moto

El organizador (si es una fiesta de cumpleaños puede ser el homenajeado) tiene que sentarse en el suelo y los niños van colocándose detrás, como si fuesen en **una enorme moto.** El piloto va dando las indicaciones en voz alta: *"A la derecha. A la izquierda. ¡Cuidado, que freno! ¡Venga, que acelero"* y va girando el tronco a la vez que habla. Los niños tienen que ir girando con él.

El globo irrompible

Los juegos con globos son divertidísimos, ¡sobre todo cuando explotan! **Ata un globo** al tobillo de cada niño. Al son de la música salen a la pista. El juego consiste en pisar el globo del contrario, salvando el propio. Los niños que pierden su globo salen de la pista. Gana el último en conservar su globo.

Baile de disfraces

Los disfraces son una opción muy divertida para que los niños se diviertan. Prepara **varios baúles** con prendas viejas o algunas que hayas elaborado con retales para la ocasión: faldas, pantalones, camisas, pelucas, sombreros, extravagantes collares y adornos para el pelo... Diles que pondrás la música y cada uno tendrá que coger una prenda de cada baúl y ponérsela antes de que tú pares la canción.

Carrera de castañas

Clava un clavo en el **centro de una castaña,** sácalo y pide a tu hijo que clave una pluma en él. Escoge plumas de color diferente para cada grupo. Cuando tengáis varias, los niños tendrán que ir lanzando sus castañas desde diferentes alturas para ver cuál llega antes al suelo.

Carrera de cangrejos

Los equipos se colocan **de dos en dos en fila india.** Los primeros de cada fila **se atan los tobillos** con una cuerda o un pañuelo (el derecho de uno con el izquierdo del otro). Corren de este modo hasta alcanzar la meta. Se desatan los tobillos y entregan el pañuelo a la pareja siguiente. Gana el equipo que termina antes.

Actividades para niños de 6-12 años

¡Viajeros al tren!

Dos grupos de niños. Cada grupo se transforma en un tren, donde se colocan en fila, agarrados por la espalda y con los ojos cerrados menos el último, que conduce. Cada grupo elige un lugar para llegar con el tren.

El maquinista, es decir, el último de la fila, tiene un sistema de señales: golpe en la espalda... el tren camina recto hacia delante; dos golpes en la espalda... el tren se para;

Tres golpes en la espalda... el tren camina recto hacia detrás; un golpe en el hombro derecho... el tren gira a la derecha; un golpe en el hombro izquierdo... el tren gira hacia la izquierda.

Cuando el maquinista grita ¡CAMBIO!, todos los vagones se separan e intentan formar un nuevo tren con los compañeros de otros grupos.

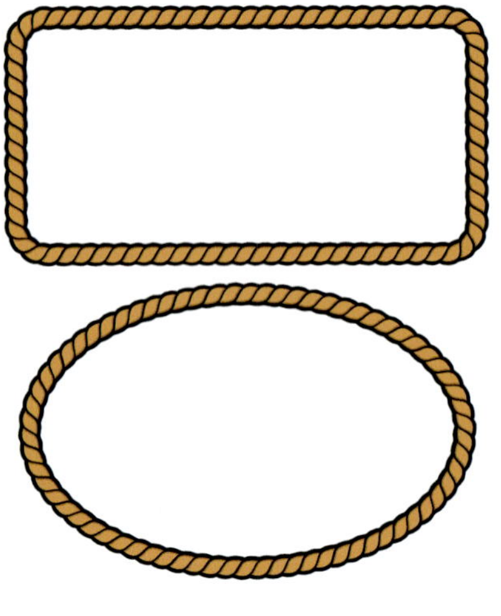

¿Qué cosas faltan en la cuerda?

El monitor o profesor coloca en la cuerda con distintos objetos colocados a ella: lapicero, una botella, una zapatilla, un vaso, etc.

Todos los niños y niñas se colocan en fila india y, con los ojos cerrados, se van pasando la cuerda por las manos, tocándola con atención. Se trata de averiguar qué objetos son, pero sin decirlo en voz alta.

Cuando terminan de adivinar, se quita algún objeto sin que los jugadores lo vean. El objetivo consiste en adivinar qué objeto falta.

Como variantes, podemos sacar más objetos a la vez. Esto requiere un mayor esfuerzo en la memoria de los niños y mayor concentración.

¡Alto para...

Un buen juego al aire libre para el que se necesita una pelota. Los niños deben colocarse en círculo y alguien lanza la pelota muy alto mientras grita ¡Alto para... Tomás (por ejemplo)! ¡Ahí se arma! Tomás tiene que agarrar la pelota lo antes posible, y los demás deben correr lo más lejos que puedan. En cuanto Tomás tenga la pelota en sus manos, el resto se tiene que quedar como estatua sin moverse. Tomás intentará lanzar la pelota y tocar con ella a alguno de los otros chicos. Si la pelota lo toca, está quemado y debe salir, mientras que los otros inician de nuevo el ¡Alto para...!

Batalla de caballeros

Este juego permite a los niños viajar a la Edad Media y convertirse en caballeros. Primero, los jugadores tienen que ponerse en parejas, uno hará de caballito y llevará al otro, al jinete, en la espalda. Todos los jinetes llevan una tiza en la mano. Los jugadores intentarán pintar con la tiza a los demás caballeros en la cola. Cuando un jugador recibe tres rayas, él y su caballo se intercambian los papeles. Cuando el caballo recibe también tres rayas, quedan

los dos eliminados. Gana la pareja superviviente del encuentro una vez que todos los demás hayan recibido seis rayas.

El guardián del bosque

El guardián del bosque es un juego nocturno muy divertido para campamentos y excursiones.

Se necesita:

- Una cuerda.
- Una linterna por jugador.

Pasos:

1. Se marca un cuadrado de unos 3 metros por tres metros con una soga sujeta a algún soporte (árboles, sillas, etc.). La zona delimitada será la cabaña del guardián del bosque.
2. Un niño/a que hace de guardián se coloca dentro de la cabaña con una linterna mientras los demás permanecen escondidos entre los arbustos.
3. El guardián debe gritar: ¡Soy el guardián del bosque! ¿Quién anda por ahí? Los demás jugadores intentarán entrar en la cabaña sin ser descubiertos. El guardián los enfocará con su linterna y dirá sus nombres en voz alta para obligarlos a volver a la salida.
4. Si el guardián no reconoce a un jugador o se equivoca al decir su nombre, éste puede seguir avanzando. Los jugadores pueden intercambiarse la ropa o taparse la cara para que el guardián no los descubra.
5. Cuando un jugador logra introducirse en la cabaña se convierte en otro guardián del bosque y coge una linterna para descubrir a los restantes jugadores.
6. El juego finaliza cuando todos los niños y niñas han entrado en la cabaña sin ser vistos.

¡Más rápido, bomberos!

Hay dos o más equipos. En la línea de salida hay un balde vacío y en la opuesta, a una cierta distancia, uno lleno de agua. El primer niño corre con un vaso vacío hasta el balde lleno, lo carga con agua y vuelve para echarlo al balde vacío. Le pasa el vaso al segundo chico y así se sigue hasta llenar el otro balde hasta a una línea determinada previamente. El primer equipo en lograrlo es el ganador.

Protegiendo las botellas

Se colocan seis botellas de plástico en una línea atrás de los dos equipos oponentes. Con tres pelotas muy blandas, los dos equipos tratarán de tirar los envases de los otros a la vez que protegen los suyos. La cancha se debe marcar de por lo menos de 5 por 10 metros.

La búsqueda

Se forman dos equipos o más, a los cuales se les da una lista idéntica de objetos que tienen que buscar en 15 minutos y traer al líder.

Previamente, el organizador del juego debe haber investigado el lugar en el que se realizará el juego e incluir en la lista objetos posibles de ser encontrados.

La lista debe tener entre 10 y 20 objetos distintos, y cada cosa valdrá distintos puntos de acuerdo a la dificultad que presente su recolección.

Mucho ruido

Cada niño tiene un globo inflado y atado en su tobillo. Una persona externa dará la señal de comienzo del juego y entonces todos tratarán de romper los demás globos. El niño deberá retirarse cuando el suyo se rompe. El niño o niña que sobrevive con el globo, gana.

¿Dónde estarán mis zapatillas?

Todos los niños se sacan sus zapatillas y las amontonan en medio del piso. Un organizador deberá mezclarlas y desparramarlas por un territorio lo más amplio posible. A una señal, todos corren y tienen que buscar, encontrar y ponerse sus respectivos zapatos. Los primeros tres son ganadores.

El cangrejo

Se traza en el suelo una línea recta y al frente, una distancia considerable, se sitúa en una fila a un grupo de niños, mientras que otros chicos quedan afuera.

Los niños participantes, con los ojos vendados, tienen que caminar hacia atrás en dirección a la raya, mientras que todos los que quedaron afuera, deben decirles cosas para despistarlos. Cuando el niño piense que está sobre la línea del piso, se para y hace una señal de aviso.

Ganará el pequeño que se acerque más a la raya. Pero, el que la pisa, pierde inmediatamente.

La sardina

Este juego es una variante del juego del escondite. Entre los participantes se elige a uno para que haga de sardina. La sardina se esconde, mientras que los demás niños esperan que esté ubicado en su lugar. Se suele contar hasta 50 o 100, en función de la edad, para que busque un buen escondite, que será amplio.

Cuando se termine el tiempo de espera, cada niño o niña debe encontrar a la sardina. Quien la encuentra, se esconderá junto a ella. Así sucesivamente, hasta que el último en encontrar a la sardina pierde. Éste será la nueva sardina para el siguiente juego.

Actividades que realizan los adolescentes y el tiempo libre (12-16 años)

Actividades deportivas

La actividad física, que tiene una importancia vital en la niñez, empieza en cierto modo a perder peso cuando se llega a la adolescencia, pero sería muy recomendable que los adolescentes siguieran haciendo ejercicio y practicando algún deporte ya que esto reporta una serie de beneficios desde el punto de vista fisiológico (reduce el riesgo de producir ciertas enfermedades y ayuda a combatir la obesidad), psicológico (aumenta la seguridad en uno mismo) y social (desarrolla la solidaridad y la sociabilidad).

Muchos niños que practicaban algún deporte lo abandonan al llegar a los 15 o 16 años. Esto se debe a que el deporte deja de ser un juego y adquiere un carácter competitivo en el que se marcan unos objetivos que en muchas ocasiones son muy poco realistas, al ser conscientes de ello los jóvenes pierden la ilusión y emplean su tiempo libre de otra manera.

Etapa de secundaria

Es el momento de dejar que se diviertan solos, aunque podemos hacer alguna actividad interesante.

De nuevo los juegos en el agua, les encantarán.

También puedes animarles a leer algún libro.

Excursiones rurales o culturales.

Actividades tipo parque acuático, parque de atracciones, zoo, etc.

Es un buen momento para hacer otras cosas con los adolescentes, los museos y exposiciones pueden ser una excelente opción.

Abrazo al árbol

Entorno: bosque. Distribución: según se indique. Nº de niños/as: juego ideal para cuando se tienen que presentar un gran número de ellos. Descripción: vamos paseando por el bosque. El animador grita un número (o lo transmite dando pitidos con un silbato). Rápidamente tenemos que hacer grupos de ese número de componentes, dándonos la mano alrededor de un árbol, abrazándolo. Entonces nos presentamos entre los que estemos en torno al árbol. A otra señal nos soltamos y continuamos el paseo, hasta que se grite otro número, repitiendo sucesivamente los abrazos y presentaciones. Hay que intentar juntarnos cada vez con personas diferentes y que no conozcamos previamente.

Paseo a ciegas

Distribución: por parejas, en fila. Material: vendas para los ojos / cuerda. Descripción: por parejas, uno lleva de la mano al otro, que está vendado. Hay que tener confianza en el lazarillo. Privados del sentido de la vista, se trata de ejercitar los otros. El lazarillo debe guiar al "ciego", con cuidado, por un itinerario atractivo, parándole en cosas interesantes de tocar, oler, oír... Es conveniente hacerlo en silencio. Después, se intercambian los papeles. Al final, comentamos qué hemos sentido, por donde creemos que nos han llevado, si hemos sentido miedo...Variante: podemos llevar a varios a la vez, si éstos van agarrados a una cuerda. El lazarillo, a la cabeza, guía la fila por diferentes suelos, vegetación, cuestas... Si hay algo interesante de tocar u oler, se señala al primer "ciego", que se lo irá indicando al siguiente, y así sucesivamente. Sentimos el viento, el sol... Al final, nos quitamos las vendas y comentamos la experiencia, qué sonidos hemos escuchado, qué tipos de suelos hemos recorrido... Se puede incluso jugar a averiguar quién se aproxima más al itinerario real seguido.

Regalar sensaciones

Distribución: dos subgrupos de unas 7 personas. Material: del entorno. Vendas optativas. Descripción: dividimos al grupo en dos subgrupos de unas 7 personas (si es muy numeroso podemos hacer varios, y trabajar éstos de dos en dos). Unos son los que van a dar sensaciones, y otros los que van a recibirlas. Estos últimos se sientan en posición cómoda, con los ojos cerrados y en silencio.

Los que van a "regalar" las sensaciones deberán buscar algo en el entorno. Deben ser sensaciones agradables de tocar, oler o incluso saborear, las cuales pasarán uno a uno por todos los receptores. Cuando se acabe la tanda, ambos grupos cambiarán de posición. Si el grupo lo admite, se pueden traer sensaciones menos agradables o más extrañas, tales como sentir un insecto, oler un excremento... siempre y cuando no revistan peligro.

La piedra

Distribución: sentados en círculo. Material: piedras del entorno, bolsa. Descripción: previamente hemos pedido que cada uno busque una piedra. Nos sentamos en corro, en torno al monitor/a. Cada uno/a debe observar la suya, apreciando todas las características que la hagan diferente de las demás, para una posterior identificación. Una vez hecho esto, el monitor/a las recoge todas en una bolsa, mezclándolas. Todos/as cierran los ojos. Se entrega una piedra a uno y éste la tantea. Si no es la suya, se la pasa al compañero/a de la derecha, quien hará a su vez lo mismo. Se van entregando todas las piedras al primero, el cual las irá pasando (excepto la que reconozca como suya), hasta que todas estén en circulación.

Las hojas

Distribución: sentados en círculo. Material: hojas de diferentes especies. Descripción: cada niño/a trae una hoja diferente (intentar que no se repitan especies o, en caso de ocurrir, que se diferencien unas de otras). Nos sentamos en círculo. Cada uno ve la suya contra el sol (sus venillas, forma...). Después siente su olor, tacto, imperfecciones... Una vez hecho esto, se pasa la hoja al de la derecha, repitiéndose las acciones con la hoja que nos llegue. Esta acción se puede hacer varias veces. Al final, se juntan todas y se van sacando de una en una. Cada uno tiene que reconocer cuál era la suya original. Podemos terminar ayudando a las hojas a cumplir con su destino (volver al suelo para servir de alimento de otras plantas), rompiéndolas y enterrándolas. Hablar sobre: qué papel tienen las hojas en las plantas, por qué varían las formas (por ejemplo las del pino, que son como agujas...), por qué se caen de los árboles...

Actividades para alumnado de 16-20 años

Las tinieblas

En una habitación amplia y sin objetos peligrosos, se cierran todas las puertas y ventanas. Tiene que quedar todo muy oscuro. Si no está lo suficiente oscuro, se vendarán los ojos. El que la liga, tendrá que tocar a algún jugador. Los jugadores pueden caminar por la habitación, pero en cuanto uno es tocado no podrá moverse. El primer jugador que es tocado, se la ligará en la próxima ronda. El juego se acaba, cuando todos los jugadores han sido localizados por el que la liga.

Persecución encadenada

Se atan a los jugadores por parejas a los tobillos con las cuerdas de 3 a 4 metros. Se vendan los ojos. El juego consiste en que los jugadores se atrapen mutuamente. No pueden huir al ir atados con la cuerda. Tampoco se permite tirar de la cuerda para atrapar a otro. Se debe jugar en un terreno amplio y sin obstáculos y con el suelo blando para amortiguar posibles caídas. Es importante advertir a los participantes del juego de posibles choques para que vayan precavidos. También podemos añadir una variante donde haya jugadores sin vendaje que pueden guiar al resto de sus compañeros en el desarrollo del juego.

Churro vasco

Consiste en una competición entre dos grupos. Un grupo tendrá que hacer un círculo, formando una postura parecida a la del rugby. Todos agarrados en círculos con las cabezas agachadas mirando al suelo, las piernas abiertas y con un hueco en medio de todos. Cuando este grupo esté listo, el otro tendrá que saltar uno a uno. El que salta tendrá que decir "Churro vasco" y tendrá que buscar un sitio y ponerse en ese hueco. Dicho de otra manera, cuando el niño/a esté arriba, tendrá que coger de la cintura al de abajo y dar una voltereta cayendo con las piernas en el suelo. Su cabeza queda entre las piernas del jugador del otro grupo, es decir, mirando su entrepierna. Así sucesivamente hasta que todos hayan saltado.

Ninguno de los que hayan saltado podrá tocar con la espalda o con el culo el suelo ya que si no perderán y les tocará al otro grupo.

Actividades para alumnado de más de 20 años

El juego de las tres luces

Tres equipos van a alumbrar 3 luces en 3 lugares diferentes. Otros equipos deben localizar el emplazamiento de dichas luces. Cada equipo está compuesto por dos acampantes que van provistos de 1 cohete y 3 bengalas.

Durante el día, han señalado de una manera exacta el lugar donde deben encender sus luces.

Esta localización se hace en presencia del jefe del juego. Por la noche, estos equipos alcanzan sus emplazamientos y seguidamente utilizan sus bengalas de la siguiente manera.

- Primero encienden el cohete como señal de atención.
- En segundo lugar, tres minutos más tarde en enciende la primera bengala y las restantes a intervalos de tres minutos.

Los fuegos de las bengalas serán encendidos en el extremo de un palo y mostrarlas a 1,5 m del suelo.

Encendida la última bengala, los equipos de luces vuelven al lugar de reunión de todos los jugadores.

1.3. Técnicas de valoración de las implicaciones educativas según los niveles de desarrollo y maduración

En ciencia se ha estudiado ampliamente el llamado desarrollo evolutivo de hombre. Nosotros, para el ámbito que nos ocupa y el objeto del curso que estamos desarrollando, hemos planteado, para este punto, una presentación esquemática de las principales teorías científicas del estudio del desarrollo evolutivo y sus clasificaciones internas. Así, la primera clasificación que nos surge son las teorías del aprendizaje, por todo lo que han aportado (y siguen aportando) a la visión de la educación y la pedagogía.

Modelo conductual

Estas teorías se inician con el célebre psicólogo conductista Watson, que se basa en el estudio de las conductas que se pueden observar, medir, entender. El conductismo es, pues, la base de la teoría del aprendizaje, haciendo énfasis en cómo aprendemos las conductas específicas. Por tanto, estos aprendizajes se organizarán en torno a mecanismos de aprendizaje que pueden medidos y protocolizados en torno a leyes de aprendizaje, procedimientos, etc. A lo largo de toda su historia, se han ido incorporando conceptos y sistemas que han ido aportando especificidad y han aportado nuevos puntos de vista. Es el caso del uso del condicionamiento para el aprendizaje de estímulos y respuestas, usando condicionamientos clásicos u operantes, etc. Otro aporte lo realizó Bandura con su teoría del aprendizaje social, mediante modelado, es decir, aprendiendo sin tener que emitir conductas, simplemente con la observación de una conducta, mediante un proceso de 4 etapas (atención, retención, producción y motivación). Este modelo se encuentra dentro de los modelos llamados mecanicistas, que no tienen en cuenta etapas evolutivas como tales. Es por ello por lo que en este modelo no se organizan fases o etapas en el aprendizaje.

Modelo psicoanalítico

Otro modelo de explicar el desarrollo evolutivo y que tiene todavía una gran fuerza dentro del mundo académico y educativo es el modelo psicoanalítico. Fue iniciado por el creador de teoría psicoanalítica, Freud, quien fundamenta su teoría alrededor de los conflictos infantiles heredades y de cómo nos enfrentamos a ellos. Siguiendo esta idea, si hemos tenido buenas experiencias, o experiencias positivas, seremos individuos capaces de superar dichos conflictos y evolucionar adecuadamente. Por otro lado, si hemos tenido conflictos o experiencias negativas, no sabremos afrontar determinadas situaciones, lo que repercutirá en una dificultad de aprendizaje.

Freud propone las siguientes etapas evolutivas: a) de los 0 a los 6 años: el niño nace solo con Ello y paulatinamente se va incorporando el Yo y el Súper-Yo. Se distinguen varias sub-etapas:

- Etapa oral. Es la etapa de la lactancia. Todo el interés está centrado en la zona de la boca. El niño experimentará placer con todo lo relacionado a la boca.
- Etapa anal. Iría desde la lactancia hasta los 3 años y todo el interés se centra en el control y autocontrol de los esfínteres. El niño empieza tener autonomía.
- Etapa fálica. a) Desde los 3-4 años a los 6. El centro del placer se establece en el falo. Los varones experimentan orgullo por tenerlo y las mujeres lo envidian. Aparece el Super-yo. b) Desde los 6 a los 12 años: etapa de latencia. Los impulsos sexuales se adormecen. c) Etapa genital. Se corresponde con la adolescencia y por tanto con el despertar de la madurez sexual. Si lo pasamos sin dificultad seremos adultos sanos y si se tiene problemas seremos adultos reprimidos (ponemos en marcha los mecanismos de defensa).

Teorías cognitivas

Otra teoría muy importante ha sido la planteada por Piaget, que ha sentado las bases de una gran parte de la moderna pedagogía. Piaget se encuentra dentro de las teorías cognitivas, que se centran en la comprensión de las estructuras cerebrales y de los procesos del pensamiento y de cómo afectan éstas a la compresión del entorno. Según Piaget, el individuo busca encontrar un equilibrio, un estado de "armonía mental" que se logra cuando sus esquemas mentales (entendiendo como esquemas las formas de pensar y de relacionarse con el entorno) concuerdan con las experiencias reales. Cuando estas experiencias no concuerdan con sus esquemas mentales, no se consigue ese equilibrio mental, lo que produce un conflicto, un desequilibro. Piaget propuso este modelo tras estudiar cómo aprendían los niños, y comprobando que los niños de la misma edad realizaban los mismos errores. A partir de este descubrimiento, pudo proponer la existencia de una secuencia de aprendizaje cognitivo siguiendo una secuencia evolutiva. Así, propone dos procesos en el proceso evolutivo infantil: la organización y la adaptación. La organización agrupa las ideas y conceptos que el individuo va asimilando conforme va creciendo, mientras que la adaptación consiste en combinar, gestionar, mezclar ideas que conforman nuevas formas de pensar y de enfrentarse a nuevos retos cognitivos.

Esta adaptación se produce porque se dan dos mecanismos que trabajan a la vez, de forma simultánea, y que son: mecanismo de asimilación, en las que se "asimila" las nuevas ideas al esquema de pensamiento en funcionamiento; mecanismo de acomodación, en el que integra la nueva información asimilada en la estructura cognitiva del individuo. Estos procesos se pueden organizar en las siguientes secuencias o periodos evolutivos: periodo sensoriomotor, que va desde el nacimiento hasta los dos años, en el que el niño utiliza sobre todo los sentidos y las capacidades motoras para conocer su entorno y aprender; periodo pre-operacional, que va desde los 2 hasta los 6 años, aproximadamente. Los niños ya son capaces de utilizar un pensamiento simbólico e incluye el lenguaje en este aprendizaje. En este periodo en niño comprende el mundo desde su propia perspectiva, no es capaz de entender el mundo desde el otro; un tercer periodo, denominado de las operaciones concretas, va desde los 7 a los 11 años, el niño aplica la lógica para comprender el mundo, razona y aprender, aunque su pensamiento está todavía inserto en la acción concreta, no abstracta. El denominado periodo de las operaciones formales es el último periodo del modelo de aprendizaje en la infancia, y que va desde los 12 años en adelanta. Es la etapa del pensamiento abstracto, el planteamiento de hipótesis y su resolución.

Teorías del procesamiento de la información

Otro modelo cognitivo que también cuenta con predilección en el entorno educativo fueron y son las teorías del procesamiento de la información, que equiparan la mente con el modo de procesamiento informático. Usando símiles informáticos, existe una entrada de datos (a través de los sentidos) y que van directamente al cerebro (procesador), que trabaja la información con una memoria a corto plazo (memoria de trabajo o memoria RAM) y que pasan, una vez procesados, a una memoria a largo plazo, que aunque amplia, tiene una capacidad limitada y puede deteriorarse con el tiempo. Otro gran grupo de teorías sobre el desarrollo del aprendizaje se encuadran dentro de las teorías socioculturales. Según estas teorías, los niños adquieren los conocimientos que se encuentran dentro de su entorno cultural, y su desarrollo está mediatizado por la cultura en la que nace y se desarrolla. Uno de los principales exponentes de estos modelos de aprendizaje basados en el entorno cultural es Vygotsky. Este propone que los niños, al interactuar con el entorno, especialmente conos adultos que le rodean aprenden de forma continua, informal y de forma implícita. Los adultos proporcionan orientación información, y muestran cómo realizar correctamente las conductas. La interrelación es el contexto idóneo para adquirir los conocimientos y el instrumento más importante es el lenguaje. El desarrollo del sujeto va, pues, ligado al desarrollo de la sociedad. Vygotsky propone las siguientes etapas del desarrollo: impulsividad motriz (0-2 meses): el niño responde de manera refleja a los estímulos internos y externos. Es importante la función de construcción del objeto. Emocional (2-12 meses): es una etapa en la que la figura de la madre genera bienestar y es un reforzador nato para la ampliación de su construcción como sujeto. Sensoriomotor (12-36 meses): el niño manipulará su entorno y estudiará los objetos con los que se encuentra. El espacio que rodea al niño se amplía (ya camina) en esta etapa comienza la actividad simbólica. Personalismo (3-6 años):

el niño va ir formándose una imagen de sí mismo. El niño nos va a mostrar sus habilidades imitándonos y representando diferentes papeles sociales. Es cuando empieza la construcción del sujeto social. Categorial (6-11 años): el pensamiento del niño es más organizado, va integrando la información que le llega del exterior. Pubertad y adolescencia: el niño pasa a adolescente. Construye su yo independiente, y surge una nueva fase de oposición, sobre todo con los padres. Fruto del estudio, el modelo de representación aceptado por todos para el desarrollo del ser humano, organiza nuestro crecimiento en cuatro áreas, que comentaremos en el siguiente punto.

Como ya hemos visto, el desarrollo evolutivo de hombre ha sido y es estudiado de una forma muy extensa y amplia. Fruto de la combinación de las teorías antes expuestas, y de otras muchas, se han llegado a ciertas clasificaciones ampliamente aceptadas en la comunidad científica. Así, el desarrollo evolutivo humano se puede organizar entorno a cuatro áreas de crecimiento claramente delimitadas:

- **Área física:** es el desarrollo físico de la persona, es decir, que tiene en cuenta todos los aspectos biológicos relacionados con el crecimiento.
- **Área social:** hablamos aquí del desarrollo de las relaciones con el entorno humano que rodea al individuo. Comprende aspectos comunitarios, grupales.
- **Área intelectual:** es la referida al crecimiento de las capacidades cognitivas, de pensamiento: Estructuras mentales, pensamiento, habla y comprensión del lenguaje, etc.
- **Área afectiva:** entendida esta área como la relacionada con las emociones, los sentimientos, la percepción y organización de las vivencias, incluyendo lo sexual.

Aunque algunos autores incorporan una quinta área, la espiritual, que comprendería la formación en valores y moralidad, la integración de una ética personal, la experiencia religiosa, etc., nosotros preferimos, en aras de ser más asépticos en nuestras afirmaciones, incorporarla estos aspectos dentro del área afectiva. Teniendo en cuenta esta clasificación, podemos delimitar nuestras acciones dentro del ámbito del tiempo libre. Podemos, pues, delimitar el ámbito de la pedagogía del ocio y el tiempo libre dirigido al colectivo infantil y juvenil. En el área del desarrollo infanto-juvenil, en resumen, se organiza en torno a las propuestas propias de la educación en el tiempo libre, cuyo último fin es el de educar en el ocio. Esta educación en el ocio en la infancia se basa, pues, en el uso del ocio, y lo hace principalmente a través del juego. Siguiendo a Trilla (1998), la "animación sociocultural en la infancia tiene un componente esencialmente lúdico y una vinculación estrecha y directa con el juego". En este nivel evolutivo, el monitor necesita aprender y conocer una gran variedad de juegos que permitan al niño divertirse y relacionarse de una forma efectiva.

Estamos de acuerdo con Trilla, en que el juego es la actividad básica de la educación en el ocio infantil, y, por lo tanto, de las actuaciones propias de la animación en la infancia. En la adolescencia y la juventud, sin embargo, la orientación pedagógica cambia de dirección. Si en la infancia tenemos claro que nuestra herramienta básica en la animación es el juego, en la adolescencia y la juventud el enfoque es diferente. El juego no tiene interés para un joven. Sin embargo, si la tiene el entorno cercano, los espacios vitales y las relaciones que establece con sus iguales. Es decir, los sitios que frecuenta y las relaciones que mantiene en dichos espacios. Es sabido que los jóvenes dedican parte de su tiempo libre al espacio fuera de su ámbito formal (familiar, escolar, etc.). Y es aquí donde cobra gran importancia la educación no formal como ámbito de organización y apoyo a las instituciones "formales" y para canalizar y gestionar adecuadamente todos los cambios que se produce en el cambio madurativo. En nuestro caso, la labor del monitor de tiempo libre se convierte en un elemento más (importante, eso sí) de la educación no formal, y apoyando la labor de otros profesionales (animadores socioculturales, educadores sociales, trabajadores sociales, etc.) se convierte en un agente presencial dentro del grupo.

1.4. Procedimientos de valoración e intervención educativa ante diferencias entre los estadios madurativos y la realidad de los participantes en las actividades

La psicología evolutiva o del desarrollo estudia la conducta del ser humano desde el punto de vista evolutivo. En la actualidad la psicología evolutiva considera que el desarrollo del individuo:

- Es continuo.
- Los cambios se producen sobre lo que hay con anterioridad.
- El desarrollo es integral.
- Las nuevas habilidades se integran poco a poco.
- Los avances no son aislados, sino por la interacción de diferentes aspectos.

Conocer las características propias de cada área de desarrollo según la etapa en la que se encuentren los participantes de las actividades permite al dinamizador aplicar las técnicas y las dinámicas apropiadas en cada momento, así como decidir si se debe potenciar una más que otras.

Las cinco áreas en las que se divide a la persona son:

1. Área física.
2. Área intelectual.
3. Área social.
4. Área afectiva.
5. Área intelectual.

A continuación, iremos hablando de cada una de ellas según la fase evolutiva en la que encontremos al individuo.

Infancia (3-6 años)

Área física: empieza a ser hábil en sus desplazamientos, y comienza a usar sus manos, tiene mucha energía y necesita hacer ejercicio y jugar al aire libre. Es algo más autónomo porque puede realizar algunas actividades como peinarse, lavarse, vestirse, comer solo y asumir pequeñas tareas de colaboración. La más importante, recoger el material utilizado en juegos y manualidades.

Área intelectual: gana en estructuras mentales lingüísticas, se inicia en habilidades de comunicación, le gusta participar en conversaciones y su curiosidad le lleva a disfrutar aprendiendo. Comienza la fase del ¿por qué?

Área social: a partir de los 3 años es capaz de cumplir las normas, realizar tareas, obedecer normas sencillas, compartir etc. Aunque todavía necesita jugar solo, ya comparte juegos con otros niños independientemente del sexo y, en muchos casos, por la edad. El juego simbólico, término acuñado por Jean Piaget y que es la imitación de situaciones de la realidad mediante el juego, es muy importante en esta etapa.

Área afectiva: entre los 3 y los 6 años, al niño aún le encanta sentirse querido y respetado. Puede controlar mejor sus reacciones, comprender los sentimientos de los demás y respetar los suyos. En esta fase el tacto como medio afectivo es esencial.

Área espiritual: se muestra creativo y su imaginación no tiene límites.

Niñez (6-12 años)

Etapa que coincide con el periodo escolar de la educación primaria. La escuela da pie al desarrollo de las funciones cognitivas afectivas y sociales del niño. También se denomina periodo de latencia y se caracteriza por el fuerte predominio de las relaciones sociales, que son egocéntricas. Al final de esta etapa, los niños habrán aprendido a distinguir entre lo que quieren y lo que pueden hacer.

Área física: a los 6 años comienza un período de hiperactividad que lleva al niño a querer expresarse con el cuerpo, y que llevan al niño desde la dependencia absoluta a desplazarse solo. Del control motor grueso, el individuo pasa a desarrollar un control motor fino, perfeccionando los movimientos pequeños y precisos (psicomotricidad fina).

En contraposición, está la psicomotricidad gruesa, donde se realiza un movimiento global del cuerpo.

El juego es para el niño un sistema de expresión y de liberación de energía. Adquieren protagonismo los juegos reglados y de construcciones. Sin embargo, en casa continúa con el juego simbólico. Quiere ser el primero en todo y, por eso, surgen las peleas y las trampas.

Área intelectual: de 6 a 8 años, el niño entra en el periodo de las operaciones concretas. Tiene gran curiosidad y deseo de expresarse de múltiples formas. Posee una gran capacidad de observación que le hace captar numerosos detalles, relacionados con un todo. En esta edad, su noción del espacio es limitada y no tiene conciencia del paso del tiempo. Le atraen los cuentos y las narraciones y fácilmente da vida a los objetos que se mueven, como el sol, pero no a los que mueve el hombre (piedra, mesa). También le interesan la fauna, las plantas y las revistas ilustradas. Se siente atraído por las clasificaciones, las jerarquizaciones, las comparaciones, etc. Le gusta coleccionar y es una etapa en la que hay que cuidar el afán de competición. Varían con frecuencia los centros de interés.

Área social: a esta edad, 6 años, se abre un periodo muy importante para el niño. Por primera vez debe conquistar por sí mismo un lugar en el nuevo ambiente escolar. Aparecen las conductas de cooperación y responsabilidad. Se integra en grupos espontáneos para jugar y realiza tareas con otros. Entre los 8 y 11 años, el grupo de niños de su misma edad le ayuda a definir sus valores y actitudes, convirtiéndose en un importante agente socializador. Hacia los 11 años, aparecen las pandillas y empiezan a aislarse de la protección de los padres. La vida y el trabajo en grupo son los grandes protagonistas en esta etapa. En cuanto a la relación con los adultos, la personalidad, las actitudes y la forma de comportamiento con el adulto le ejercen gran influencia y le gusta a ayudar e imitar a los mayores. Cree en lo que le dice el adulto y asimila con facilidad las respuestas que se le dan a sus preguntas.

Área afectiva: empieza a querer de manera más objetiva y su necesidad de afecto es inmensa porque necesita sentirse protegido en una nueva situación social.

A los 7- 8 años se vuelve más autónomo, empieza a tener estados de ánimo y necesita ser comprendido para no estar desorientado. En sus cuentos y fantasías proyecta sus sentimientos.

Área espiritual: es capaz de hacer una valoración moral del bien y del mal, tanto de su propia conducta como del comportamiento de sus compañeros. Es importante que el niño esté rodeado de modelos positivos porque su criterio de conducta se realiza mediante la identificación con algún adulto, y más adelante con algún compañero.

Adolescencia (12-18 años)

Es una etapa transitoria entre la niñez y la edad adulta. Tiene dos fases, la pubertad y la adolescencia propiamente dicha. En la pubertad predomina el desarrollo físico e intelectual, mientras que en la adolescencia se observan los cambios las consecuencias de los cambios físicos en las demás áreas de desarrollo, con especial relevancia de la capacidad cognitiva.

Área física: se produce un gran desarrollo físico como consecuencia de una aceleración en el crecimiento que se observa en el aumento de la estatura y peso, así como en el desarrollo de los caracteres sexuales secundarios. En las mujeres, desarrollo de los senos y cadera, primeras menstruaciones (menarquía). En los hombres, desarrollo muscular, fuerza física, cambio de voz, etc.

Área intelectual: en esta etapa, aparecen las estrategias de resolución de problemas propias del pensamiento formal, razona sobre lo posible (pensamiento abstracto), maneja los procedimientos lógicos y desarrollo un espíritu crítico por lo que el adolescente discute para probar su capacidad y la seguridad del adulto.

Área afectiva: la ruptura del equilibrio de la etapa anterior provoca comportamientos inestables, impulsivos y la desarmonía en el crecimiento genera inseguridad y angustia si el adolescente no se siente a gusto con su cuerpo. Emocionalmente, presenta estallidos temperamentales que ni él comprende y crecen los momentos de apatía. El grupo de amigos se convierte en el amigo o el par de amigos íntimos con los que se comparten inquietudes, secretos y dudas.

Área social: al tiempo que crea su identidad y autonomía, toma conciencia de pertenencia a un grupo social. La construcción de sí mismo (auto-concepto), la hace en función de la expectativas que tienen los demás con respecto a él. El grupo de iguales adquiere un valor fundamental al darle un espacio donde ser él mismo. El grupo es una fuente de modelos donde identificarse y le da seguridad gracias al sentido de pertenencia.

Área espiritual: el pensamiento abstracto le permite una comprensión espiritual, accediendo a los valores de bondad, verdad, belleza, aunque predomina una concepción idealista del mundo. Se da a la sobreestimación del yo (el adolescente se considera muy importante) y se interesa por la autoformación, porque quiere mejorar.

Juventud (18-25 años)

En esta etapa, el individuo se encuentra más tranquilo, aunque no haya llegado al equilibrio característico de los adultos.

Área física: culmina su crecimiento y la maduración de las funciones reproductoras. Fisiológicamente, las funciones se hacen más estables y conservadoras. Los varones alcanzan el 98 % de la altura total y hay un incremento del interés por la conducta sexual. Se da una dicotomía entre los jóvenes que tienen mucho apetito y otros lo tienen escaso o nulo.

Área intelectual: tiene gran capacidad de análisis y de reflexión, piensa en la realidad de manera objetiva, lo que hace la juventud sea la mejor edad para el aprendizaje intelectual. Sus ideales tienden a clarificarse, tiene ideas e iniciativas propias de las que surge el compromiso. Su otro objetivo es definir su vida laboral y la integración en el mercado de trabajo.

Área afectiva: el joven tiene gran capacidad de autorreflexión, descubre su intimidad, se preocupa por su forma de ser, por su futuro, mostrando unas actitudes centradas en la búsqueda de la independencia y la necesidad de comprensión por parte de los demás. En el ámbito de la sexualidad, se siente atraído por el sexo opuesto y busca una pareja con la que proyectar una comunidad de vida. En general, el joven es animoso, positivo y extrovertido, toma las cosas con calma y afronta problemas serios, pues con el tiempo se relaja en la búsqueda de sí mismo, alcanzando un equilibrio.

Área social: predominan los intereses altruistas y se preocupa por el mundo que le rodea. Normas y reglas se analizan antes de ser aceptadas. Necesita de los demás, de la pandilla, sin embargo, hay una oposición hacia el adulto, del que busca la emancipación.

Área espiritual: el acercamiento a la religión se hace desde la duda. Entre los valores morales que más aprecia se encuentra el honor, la lealtad, la sinceridad y la dignidad. Surge la noción de compromiso y lo lleva a la práctica. Por otra parte, la inseguridad en el futuro condiciona su visión de mundo, de ahí que haya aumentado el número de jóvenes no creyentes o indiferentes o que mantienen creencias no racionales (horóscopos, etc.).

1.5. Sistemática para el análisis y gestión de fuentes de información sobre desarrollo psico-social y sociología juvenil

El dinamizador de las actividades, con su trabajo, busca un cambio, una mejora en los participantes. Para conseguirlo, se ha visto la importancia de conocer el perfil psicosocial del niño, el adolescente o el joven a quien dirige las actividades y las preferencias o los intereses de cada grupo de edad. Igual de importante es, partiendo los rasgos generales propios de cada etapa, conocer el estado madurativo de las personas a quienes se dirigen las actividades, ya que el ritmo personal de cada persona influye en la evolución más o menos rápida del desarrollo.

Según las etapas, las herramientas o actividades del que dispone el dinamizador son las siguientes:

Infancia: juegos, talleres, dramatizaciones, asambleas, canciones y danzas. Son fundamentales la manipulación, la fantasía y la expresión verbal y corporal.

Adolescencia: juegos tanto de movimiento como los que tienen un componente intelectual y los cooperativos, dinámicas de grupo historias (de miedo, leyendas, relatos de aventuras.

1.5.1. Análisis de las manifestaciones culturales infantiles y juveniles

En la sociología y en la psicología, el acceso y conocimiento de las fuentes documentales es un aspecto esencial para el trabajo diario como educadores infantiles y juveniles.

Una buena gestión documental sobre documentos de psicología del desarrollo psicosocial permitirá realizar los análisis y extraer las conclusiones oportunas para incorporarlos y mejorar la práctica educativa como monitores de tiempo libre.

Las fuentes de información son documentos que permiten acceder a informaciones variadas sobre un tema objeto de estudio. Si se aplica este concepto al ámbito de la psicología y sociología, se hace referencia a obras y materiales que informan y permiten explorar conocimientos acerca de estas disciplinas favoreciendo la labor educativa.

Los tipos de fuentes de información que habitualmente se utilizan en los procesos de documentación son:

- Fuentes primarias: revistas, enciclopedias, diccionarios, etc.

- Fuentes secundarias: facilitan el acceso y la localización de las fuentes primarias, como las revistas de resúmenes, bibliografías, guías, catálogos, etc.

Ambos tipos de información pueden ser: generales y especializadas.

- Generales: ofrecen información amplia sobre un tema.
- Especializadas: profundizan más en una temática en cuestión y contienen información de mayor complejidad técnica.

Las fuentes de información que se pueden consultar existen en dos soportes diferentes: impreso en papel y en soporte informático (Internet).

La mayoría de las fuentes de información, se pueden distinguir dos tipos fundamentalmente: el soporte informático y la vía telemática. Dentro del soporte magnético se englobaría tanto los disquetes como los CD.

La vía telemática, a la que accede a través de Internet, representa una herramienta muy potente para la búsqueda de fuentes de información, primarias y secundarias, al ofrecer una serie de ventajas como la rapidez en la localización y acceso a la información y la cantidad de información proporcionada en tan solo unos segundos. Sin olvidar el menor coste que supone hacer una consulta en Internet.

Cada vez existen más documentos científicos publicados en Internet a través de diferentes formatos PDF, HTML, que se pueden consultar sin dificultad y con carácter gratuito. Pero, sobre todo, se accede a fuentes secundarias tales como bases de datos sobre libros, catálogos de editoriales, referencias de capítulos de libros, resúmenes de tesis doctorales y artículos de revistas, etc.

Las universidades contienen bases de datos actualizadas con documentos de gran relevancia científica en el ámbito de la psicología y la sociología, que son fácilmente accesibles a través de Internet.

La utilidad de Internet para la búsqueda de fuentes de información más común es clara y se concreta no solo en el acceso de las fuentes bibliográficas y a la información sobre centros y recursos, sino también en el intercambio de información entre usuarios o grupos.

El modo de buscar información más común es a través de buscadores o motores de búsqueda. Estos permiten acceder a Internet para localizar la información deseada mediante la utilización de palabras concretas de búsqueda. El más conocido es Google.

Una vez que se ha decidido el tema a investigar, se debe realizar la búsqueda de información a través de las fuentes primarias y secundarias, siguiendo una serie de pasos:

- Indagar y recopilar información.
- Organizar el material y tenerlo accesible.
- Presentar correctamente las citas y fuentes bibliográficas.

Cuando se indaga y se recopila información se debe dar respuesta las siguientes preguntas: ¿qué?, ¿cómo? y ¿cuándo?, es decir tomar decisiones sobre qué tipo de fuentes consultar, dónde encontrar la documentación y cómo conseguirla.

La primera decisión es sobre qué fuentes de información se van a utilizar para saber qué se ha escrito sobre el tema. Hay que buscar información en varios documentos como catálogos fuentes bibliográficas, manuales, revistas, etc.

Una vez recogida la información necesaria, hay que plantearse dónde encontrar el documento. Este se localizará consultando los distintos materiales de las fuentes documentales, ya que contienen información sobre la autoría, el título de la obra, año de publicación, editorial y lugar de publicación.

Por último, para conseguir la información buscada, un libro o revista, lo más habitual es acudir a la biblioteca, Internet o comprar un ejemplar en la librería.

En este proceso de búsqueda de información es importante ser críticos y saber diferenciar a aquellos documentos que contienen información válida y rigurosa de aquellos que presentan información poco significativa.

A la hora de organizar el material y tenerlo accesible hay que proceder a la estructuración del material bibliográfico recopilado (revistas, libros, etc.), con el fin de tenerlo accesible para cualquier consulta cuando se vaya a redactar algún documento o proyecto. Una forma de organizar la información es a través de fichas que pueden ser bibliográficas o de contenido.

Por un lado, las fichas bibliográficas de los libros y las revistas conseguidas se pueden realizar en un fichero o archivo, en folios o en ordenador. Este último es de gran utilidad cuando se quiere organizar gran cantidad de información, pues mediante programas informáticos se puede, no solo hacer búsquedas por orden alfabético de autor o materia, sino por año de publicación.

Cuando se elabora un trabajo de investigación o proyecto, es necesario reflejar en él las fuentes bibliográficas textuales y al final del trabajo. Para realizar estas citas bibliográficas se utilizará el método más usual en la psicología y sociología. Se trata de las normas de la APA (Asociación Americana de Psicología).

Después de explicar este contenido, nos centraremos al análisis de las manifestaciones culturales infantiles y juveniles. Desde el ámbito de las ciencias sociales se ha definido el término cultura, pero quizá la definición que abrió los horizontes de este término en las sociedades modernas la dio Tylor (1979): "cultura es el complejo conjunto que incluye conocimientos, creencias, arte, moral, derecho, costumbres y cualesquiera otras actitudes y hábitos adquiridos por el hombre en tanto que miembro de una sociedad".

Así entendido, cultura sería aquello que los seres humanos adquieren como miembros de una sociedad y, además, se podría añadir que es trasmitido y modificado de generación en generación. En este sentido también se pronunció Pardo (2002) cuando definió cultura como "el conjunto de conocimientos, significados y símbolos que una sociedad comparte".

Cada sociedad tiene su propia cultura y las diversas manifestaciones culturales infantiles y juveniles que se producen en su seno forman parte de ella.

Por eso el monitor debe estar atento a las manifestaciones de la propia cultura del grupo y de sus miembros, de tal forma que pueda seleccionar o adaptar sus actividades a la realidad de los participantes.

Para el análisis de las manifestaciones culturales de niños, adolescentes y jóvenes se utilizan cuatro métodos:

- Observación.
- Entrevistas y cuestionarios.
- Fuentes documentales.
- Análisis de las elaboraciones.

En primer lugar, la observación sistemática y continua, que puede ser individual o grupal. Es importante observar la forma de vestir, de actuar ante determinadas situaciones grupales, de participar en la dinámica de las actividades, el comportamiento, etc. Por ejemplo, si se observa que una joven lleva un velo cubriéndose la cabeza, se tendrán que indagar los motivos de esta forma (cultura, costumbre, decisión personal, etc.).

En segundo lugar, las entrevistas y los cuestionarios, tanto a los participantes como a sus familias. En el caso de los niños, es valioso realizar entrevistas con sus familias para conocer los rasgos característicos de su propia cultura, la alimentación que siguen, etc. Mediante este instrumento también se obtendrá información sobre los hábitos y las conductas de participantes provenientes de otras culturas y que requieren una atención especial para mantener el respeto (ejemplo: que no puedan comer cerdo). En este caso, si se realiza un taller de cocina o alguna fiesta en la que se incluya ingesta de alimentos, se tendrá especial con la atención a la diversidad.

En tercer lugar, la consulta de las fuentes documentales sobre la diversidad cultural. Es importante documentarse sobre las distintas manifestaciones culturales de niños y jóvenes para poder identificarlas, interpretarlas y tenerlas en cuenta en la intervención socioeducativa.

Finalmente, el análisis de las elaboraciones personales, artísticas, musicales, literarias, etc., de los participantes. En el análisis no se debe perder de vista la edad y la madurez de los participantes.

2. Técnicas de intervención educativa en función de la diversidad individual y grupal

Contenido

Las técnicas educativas varían en función del alumnado al que nos enfrentamos en el contexto escolar como en las relaciones en las que interactúan los niños, sea tanto individual como grupal. La conducta del alumno y de los diversos grupos de alumnos, son fruto del sistema de interacciones en que están inmersos. Los elementos que interactúan son los siguientes:

- El alumno.
- El grupo-clase.
- El contexto escolar en el que se desenvuelven.
- Clima social en el que viven.
- El contexto familiar.

Todos estos factores influyen en que las relaciones grupales e individuales se encaucen de una forma adecuada y se utilicen las estrategias oportunas para conseguir el máximo rendimiento de nuestro alumnado.

2.1. Estrategias para la integración social en las actividades de tiempo libre infantil y juvenil

En la sociedad actual, los niños tienen una agenda bastante apretada de actividades extraescolares, deberes, obligaciones que reducen el tiempo para realizar actividades lúdicas y que a veces se tiende a focalizar en los videojuegos. La idea actual de preparar al máximo a los menores para convertirlos en seres competitivos, promueve un aumento de las actividades dedicada a la adquisición de conocimientos y contenidos en áreas como la informática, los idiomas o las prácticas deportivas dirigidas. De este modo, el espacio dedicado al libre disfrute del entorno social y relacional queda reducido, mermando la adquisición de habilidades, estrategias y recursos no vinculados a la información: capacidad de orientación, habilidades sociales personales, capacidad de resolver conflicto, etc.

Tengamos en cuenta que un menor no tiene la misma capacidad de decisión que un adulto y es por ello fundamental custodiar y ser conscientes de la manera en que vive y disfruta de su tiempo libre durante la infancia. Mientras que en la etapa adulta viene definida por la autonomía, la independencia y la libertad, en la etapa infantil nos encontramos con una necesidad de seguridad, dependencia y control. El menor, en las primeras etapas de la vida, no tiene capacidad para saber qué es aquello que le gusta y le divierte qué es aquello que le aburre. En este caso, los adultos que tengan a su cargo deberán tener especial cuidado en su apoyo, custodia y protección. A medida que crezca, el individuo irá definiendo aquello que lo atrae, tendrá más elementos de comparación y capacidad de análisis.

Como apuntó Comas (2000): "Los cambios de este espacio social relativamente reciente y su adaptación a la sociedad de consumo de masas han orientado la diferenciación de los conceptos de tiempo libre y ocio asumiendo que, al menos para personas jóvenes, una parte del ocio no es exactamente un tiempo disponible relativo al descanso, como correspondía a las primeras generaciones que disfrutaron de este privilegio, enfocado fundamentalmente a establecer un parón en las obligaciones laborales".

Para las generaciones más recientes, el ocio se ha constituido como un entorno diferenciado que establece sinergias relevantes entre lo lúdico y los procesos de integración social, que está basado en aspectos relacionales pero también funcionales para objetivos más allá de lo recreativo. Estas sinergias se producen a través de procesos individuales y sociales básicos que hacen este entorno no sea tanto tiempo libre de forma exclusiva, como tiempo ocupado en determinadas inversiones personales de presente y de futuro (Rodríguez, Megías y Sánchez, 2002).

El ocio es un elemento fundamental en el proceso de socialización del niño, y, por ello, debemos centrar nuestra atención en cómo lo vive y cómo lo asimila. En muchas ocasiones se acusa a los agentes intervinientes de la dejadez de la custodia de las actividades de tiempo libre que llevan a cabo los menores.

Una de las mayores demandas por parte de los agentes sociales es la creación de más espacios lúdicos que permita a los menores disfrutar, en comunidad, de su tiempo libre. Esta demanda ha venido motivada, en parte, por la dificultad manifiesta en muchas de nuestras ciudades, de poder estar jugando en plena calle, carteles donde se prohíbe jugar a la pelota, calles con mucho tráfico, parques infantiles descuidados, etc. Otro elemento ha sido la creciente oferta comercial de espacios que junto a la crisis económica y las dificultades socioeconómicas de los progenitores, han mermado las posibilidades reales de disfrute por parte del menor.

Tampoco debemos olvidar el cambio sociológico que se ha producido en torno a la visión que los adultos tienen del hecho de estar jugando en la calle. A principios y mediados del siglo XX, lo más habitual en nuestras ciudades y pueblos era a ver a niños jugando por la calle y correteando con el beneplácito y satisfacción de los padres. Este hecho cotidiano, actualmente se vincula a las bandas, consumo de drogas, pérdida de tiempo, pertenecientes a estrato social inferior, bajo rendimiento escolar e inseguridad. Se pretende que los menores disfruten en casa o entornos cerrados controlados, una voluntad que choca frontalmente con la necesidad del menor de explorar, conocer, relacionarse errar y aprender de ello. Si añadimos el poco tiempo disponible de los padres para estar con sus hijos y las dificultades económicas, la ecuación resultante es compleja.

2.2. Técnicas y recursos básicos de prevención y detección de conductas asociales, racistas y/o xenófobas. Técnicas de observación e intervención

Las personas que trabajan en la educación son cada vez más conscientes de las disfunciones de la convivencia en los centros escolares y hemos de resolverlos desde una perspectiva positiva. La escuela en los últimos años se ha transformado en una institución para socializar y las pautas de comportamiento deben ser interiorizadas en la familia.

La violencia que se manifiesta en los centros escolares hay que observarla en el contexto en que se produce. Son muchas las causas que pueden explicar el comportamiento antisocial en los centros educativos:

- La violencia de nuestra sociedad.
- La violencia en los medios de comunicación.
- Los modelos violentos que el alumnado aprende en el contexto familiar o en el grupo de iguales.

Habría que comentar que muchos conflictos se gestan en la sociedad pero se desarrollan en la escuela.

Por otra parte, habría que destacar los cambios sociales que han influido de una forma significativa en la práctica educativa:

- **La revolución tecnológica**: la influencia de la TV, no se quedó solo en el poder de la imagen de la lectura, fue una revolución, en cuanto a la visión del mundo y de la realidad, porque hasta entonces esa visión se aportaba en la escuela y en familia.
- **Cambios en la estructura familiar**: en la familia se aprende a convivir a partir de unas pautas educativas como son: huir de los conflictos, fomentar la cultura del aprecio, aceptar las propias limitaciones y errores, evitar las comparaciones, tomar las decisiones usando el consenso, escucha activa, cultura de la cooperación, cuidar el lengua para que vaya en concordancia con los valores, no juzgar tanto a la persona evitando degradarla, fomentar el espíritu crítico y, por último, inculcar la autoestima porque previene el conflicto y favorece la convivencia.

- **Los movimientos migratorios**: van cada vez más en aumento y acrecientan la aparición de culturas nuevas en la sociedad. Por esta razón, conviene orientar la educación de la ciudadanía a crear espacios de convivencia para compartir los bienes culturales y económicos. El multiculturalismo no es suficiente porque vivimos en sociedades liberales que defienden derechos individuales. Pero una cultura es una cosmovisión con distintas visiones de la vida y puede provocar conflictos, porque se trata de derechos colectivos, y articular ambos derechos es complejo (*vid*. Sánchez Fernández, 1998).

- **Modificaciones laborales**: en los últimos tiempos, la educación se entendía como una etapa formativa para buscar una profesión. Este vínculo era tan estrecho que el éxito de la escuela, se medía por el éxito profesional. Sin embargo, la escuela ya no puede garantizar un futuro profesional a su alumnado. Lo que ahora debe garantizar es una enseñanza para el cambio de profesión a lo largo de la vida laboral. En el informe de Delors, *La educación encierra un tesoro,* dice que la educación debe librarse de la tentación utilitarista, es decir, la educación tiene que ofrecer una formación para el saber hacer, pero también debe ofertar un ámbito de educación en el saber vivir.

- **La nueva ciudadanía**: la escuela debe ser el motor para el cambio de la sociedad. Y la función del profesorado es crear nuevos ciudadanos, entendiendo este último concepto como aquel que es sujeto de la vida y que nadie manda sobre él. Llegar a ser una persona auténticamente ciudadana es un proceso que se puede generar a través de la educación. Por consiguiente, es algo que se aprende, y, por tanto, que puede ser enseñado (*vid*. Imbernón, 2002). Ciudadanía democrática, social, paritaria, intercultural y ambiental.

La causa de los conflictos en la escuela nos puede guiar a un proyecto de convivencia en el centro y en el aula más integral. Para ello, es preciso comenzar la reflexión sobre los conflictos en la escuela estableciendo una tipología que nos ayude a distinguirlos para saber afrontarlos adecuadamente (Puig Rovira, 2004).

Tipos de conflictos en el ámbito escolar

- Conflictos interpersonales: ruptura de armonía entre personas, conflictos psicosociales, metodología de resolución de conflictos.
- Conflictos de adaptación a la escuela: indisciplina, malestar pedagógico.
- Conflictos de sentido de la educación: distancia entre escuela y alumnado, conflictos socio-políticos.

Desde el proyecto educativo de centro hemos de incluir un plan de convivencia que dicte unas estrategias y normas consensuadas para evitar este tipo de conflictos. Entre las estrategias citamos las siguientes:

- Programas de mediación. Orientados principalmente para la educación secundaria aunque también se puede aplicar para el último internivel de primaria.
- Talleres de resolución de conflictos para alumnado y familia.
- Asambleas de clase.
- Ejercicios de papel y lápiz.

Hay que tener en cuenta las técnicas de prevención a tener en cuenta con este tipo de conflictos. Entre las medidas a adoptar destacaremos las siguientes:

- Promover en el alumnado el deseo del saber.
- Desarrollo de la sensibilidad y el afecto.
- Compromiso moral.
- Compromiso con el profesorado.
- Facilitar la atención a la diversidad.

2.3. Técnicas de trabajo con personas con discapacidad: tipos de discapacidad, características y orientaciones

Antes de introducirnos en los tipos de discapacidad, definiremos el concepto propiamente dicho. Se entiende por discapacidad aquella condición bajo la cual ciertas personas presentan alguna deficiencia física, mental, intelectual o sensorial que a largo plazo afectan la forma de interactuar y participar plenamente en la sociedad.

Tipos de discapacidad

Los tipos de discapacidad pueden ser:

- Motriz: se refiere a la pérdida o limitación de alguna persona para moverse.
- Visual: la pérdida de la vista o dificultad al ver con alguno de los ojos.
- Mental: abarca la limitación del aprendizaje para nuevas habilidades.
- Auditiva: pérdida o limitación del oído para poder escuchar.

Las causas más frecuentes de discapacidad son:

- Al nacimiento.
- Por algún tipo de enfermedad.
- Por algún accidente.

Orientaciones

Uso de las TIC. Es fundamental para que las personas con discapacidad tengan igualdad de oportunidades. El uso de las NNTT supone una serie de principios:

- Uso equitativo.
- Uso flexible.
- Uso simple e intuitivo.
- Información perceptible.
- Tolerancia al error.
- Mínimo esfuerzo físico.
- Adecuado tamaño de aproximación y uso.

En cuanto a las orientaciones, habría que comentar una mayor participación de familia y padres en la vida escolar y en la educación de los niños.

Por otra parte, los servicios de orientación deben ser eficaces en cuanto al diagnóstico y tratamiento para reorientar su evolución académica.

Poner en práctica programas de refuerzo para este tipo de alumnado.

Integración de alumnado en el aula de forma eficaz sin sentirse discriminados por el resto del grupo.

Utilizar criterios de evaluación normalizados.

Estimular su aprendizaje a través de fichas y actividades diversas para estimular su área cognitiva.

2.4. Estrategias y técnicas de intervención para la educación intercultural

Definimos como educación intercultural "a la interacción entre culturas de una forma respetuosa, horizontal y sinérgica, donde se concibe que ningún grupo cultural está por encima del otro, favoreciendo en todo momento la integración y convivencia de ambas partes. En las relaciones interculturales se establece una relación basada en el respeto a la diversidad y el enriquecimiento mutuo; sin embargo, no es un proceso exento de conflictos, estos se resuelven mediante el respeto, el diálogo, la escucha mutua, la sinergia" (Wikipedia).

Hay que considerar que la educación intercultural debe cumplir una serie de requisitos:

- Educar en la igualdad.
- Educar en el respeto.
- Facilitar la construcción de una identidad libre y responsable.
- Evitar juicios de valor.
- Ser flexible al cambio.

Entre las técnicas de intervención que podemos poner en marcha con este tipo de alumnado citamos los siguientes:

- Participación activa de los padres en la vida del centro.
- Elaboración de talleres por parte de los padres.
- Jornadas de puertas abiertas.
- Sesiones de formación para las familias: educación de los hijos, enseñanza del castellano, etc.
- Elaboración de talleres.
- Elaboración de cuadernillos informativos de las nacionalidades que conviven en nuestro centro.
- Creación de un grupo de trabajo para elaborar materiales con alumnos con ACI.
- Desde el aula el profesor o monitor de tiempo libre debe tener en cuenta una serie de problemas que se deben superar: capacidad de comprensión de las diferencias sociales, igualdad de status y oportunidades para entablar relaciones de amistad.

2.5. Metodología de coeducación: construcción social de los roles, diversidad, intimidad, etc.

Entendemos por coeducación *"a la educación conjunta de niños y niñas"*. La Ley General de Educación de Villar Palasí (1970) prohibió la escuela mixta, en la época de Franco. A partir de 1970, se vuelve a instaurar en España, y con un cierto retroceso con respecto al resto de Europa, la educación para la igualdad.

En la coeducación se debe tener en cuenta una serie de aspectos:

- Utilizar un lenguaje no sexista.
- No trasmitir mensajes sexistas, evitando el uso de tópicos jerarquizados.
- Fomentar el análisis crítico de los rasgos sexistas presentes en el lenguaje escrito o icónico, publicitario, obras artísticas.
- Potenciar la creatividad en los dos sexos, eliminando las limitaciones impuestas por los estereotipos sociales.
- Reformular los contenidos de los problemas, eliminando la trasmisión de sesgos sexistas.
- Incorporar al currículo, ejemplos y problemas de la vida cotidiana.
- Tener en cuenta las experiencias, esquemas y valores previos de chicas y chicos, con la finalidad de compensar las deficiencias en las capacidades de uno y otro sexo.

Todo esto facilitará:

- La formación ajustada de sí mismo, de sus características y posibilidades, desarrollando actividades de forma autónoma y equilibrada valorando el esfuerzo y la superación de las dificultades.
- La relación con otras personas y la participación de las actividades en grupo con actitudes solidarias y tolerantes, superando inhibiciones y prejuicios, reconociendo y valorando críticamente las diferencias de tipo social y rechazando cualquier discriminación basadas en la diferencia de razas, sexo, clase social, creencias y otras características individuales y sociales.
- El conocimiento de las creencias, actitudes y valores de nuestra tradición y patrimonio cultural, valorándolos críticamente y elegir aquellas opciones que mejor favorezcan el desarrollo integral de la persona.

En cuanto a los aspectos metodológicos de la coeducación, cabe mencionar que para avanzar hacia el logro de una educación para la igualdad de oportunidades de ambos sexos, no es válida cualquier metodología, pero tampoco se necesita una didáctica exclusiva para ello. Lo que se pretende es que el alumnado vaya descubriendo y comprendiendo su entorno personal y social más inmediato, que lo haga de la manera más autónoma y colaborativa posible. Para ello, debemos elaborar estrategias de aprendizaje que sean significativas para chicos y chicas, que sean motivadoras y predispongan su participación, que potencien la interacción entre iguales, que vinculen la escuela con el entorno, que sean globalizadoras y que sean funcionales para la vida.

2.6. Procedimientos de valoración y actuación ante variaciones individuales y grupales: discapacidades y disfunciones, diversidad cultural, dificultades sociales, género, etc.

En todos los grupos nos encontramos con alumnado muy diverso, con lo cual los procesos de valoración y su forma de actuación, se deberán adaptar a sus diferencias individuales.

Debemos atender a los alumnos con esta problemática (discapacidad, disfunción, diversidad cultural, dificultades de integración, género, etc.) respetando sus individualidades, pero, a su vez, integrándolas dentro del grupo. La función del profesorado, monitor y familia juegan un papel muy importante en este proceso.

El concepto de discapacidad ha sufrido grandes cambios a lo largo de la historia. Durante los últimos años, hemos visto cómo se ha ido abandonando una perspectiva paternalista y asistencial de la discapacidad, que miraba a la persona como un ser "dependiente y necesitado", hacia un nuevo enfoque, que contempla a la persona con discapacidad como un individuo con habilidades, recursos y potencialidades.

En el año 2001, la OMS establece una nueva acepción de discapacidad donde se integran componentes de salud, factores personales y ambientales.

Según el R.D. 1972/1999, de 23 de diciembre, por el que se determina el procedimiento para el reconocimiento, declaración y calificación del grado de minusvalía, las discapacidades pueden clasificarse en 3 grupos diferenciados entre sí:

Discapacidades físicas, sensoriales y psíquicas.

Según los últimos estudios sobre discapacidad, se pueden extraer las siguientes conclusiones:

- El 9 % de la población española sufre discapacidad.
- El 59,8 % de las personas con discapacidad son mujeres.
- Las deficiencias osteoarticulares, auditivas, visuales y mentales, son responsables de la mayoría de las discapacidades.
- Un 80 % de las personas con discapacidad no han finalizado la ESO.
- Las personas con discapacidades sensoriales son las que cuentan con un nivel de estudios alto.
- Solo 3 de cada 10 personas con discapacidad y en la edad de trabajar se mantiene activo en el mundo laboral.

Los principales problemas en la inserción laboral con personas con minusvalía son:

- Carencias de formación y experiencia.
- Proteccionismo familiar.
- Prejuicios y barreras sociales.
- Desconocimiento de las adaptaciones que se pueden realizar en los puestos de trabajo.
- Falta de accesibilidad al puesto de trabajo.

Para ello, la sociedad y los gobiernos deben aportar los recursos necesarios para la plena integración de este tipo de personas, que con los medios adecuados, podrán integrarse como uno más en esta ciudadanía tan diversa.

Un ejemplo de este tipo de integración lo tenemos en la ONCE, donde muchos grupos con discapacidad se han ido incorporando al mercado laboral de una forma progresiva.

En cuanto a la diversidad cultural, se entiende como "el grado de variación cultural, en las que existe interacción de diferentes culturas coexistentes".

Para afrontar en nuestra sociedad y en la escuela, se intenta promover una educación en el que se respete la diversidad, se promocione la convivencia intercultural y se rechace todo tipo de exclusión social, ya sea por motivos de etnia o cultura.

Para ello, es necesario elegir un modelo educativo:

- Asimilacionista.
- Segregacionista.
- Antirracista.
- Multicultural.
- Intercultural.
- De identificación étnica.

Entre las propuestas de educación multicultural destacamos las siguientes:

- Organizar experiencias de socialización basadas en valores de igualdad, reciprocidad, cooperación, integración.
- Diversidad cultural como instrumento de aprendizaje social.
- Dotar de un análisis crítico y valoración de la cultura.

Desde la escuela se fomentarán valores como el pluralismo, la tolerancia, la integración y la justicia.

En cuanto a las dificultades sociales, citamos la homosexualidad, que ha pasado a ser un comportamiento aceptable socialmente en algunos países. En otros, en cambio, está castigado con la pena de muerte en países como Irán o Arabia Saudita.

Muchos países occidentales han legalizado la homosexualidad como un proceso de integración en la sociedad para este colectivo de personas.

En cuanto a las diferencias de género, definiremos el término "género" para referirse a "sexo" se origina como una mala traducción de la palabra inglesa *gender*, y también para reflejar la asignación de ciertos atributos tradicionalmente al sexo biológico, sin ninguna prueba empírica.

Ante este tipo de situaciones, nos debemos concienciar de este tipo de discriminación y actuar en consecuencia, con campañas de concienciación desde la escuela, charlas informativas a niños y a padres. Los gobiernos deben trabajar mucho en este sentido.

2.7. Identificación de los servicios especializados básicos que trabajan las distintas problemáticas individuales y sociales: las redes básicas de servicios sociales

Los servicios sociales son un tipo de servicios fundamentales para el bienestar social.

Estos servicios se organizan de forma diferente en cada país. Los servicios sociales se dedican a prevenir, paliar o corregir desajustes entre lo que las personas son capaces de forma autónoma en la vida cotidiana y las redes familiares o comunitarias a las que pertenecen y que les dan apoyo.

Los servicios sociales brindan apoyos como la asistencia personal, el acompañamiento social, la intervención comunitaria u otros, sobre la base de un diagnóstico social y de un plan dialogado con el usuario. Los servicios sociales pueden tener carácter ambulatorio, virtual, domiciliario, diurno, residencial, etc.

Entre las prestaciones que ofrecen los servicios sociales destacaremos las siguientes:

- Prestaciones para mayores: hogares y residencias, vacaciones, centros termales y asistencia domiciliaria.
- Centros para personas con alguna discapacidad física y/o psíquica, ayudas técnicas, eliminación de barreras físicas, programas de vacaciones y termalismo.

De la Red, Díaz y Salvador (1998) hacen una síntesis de los objetivos concretos de actuación de los Servicios Sociales que recoge la legislación española, siendo estos:

- Protección y apoyo a la familia.
- Atención y promoción del bienestar de la infancia.

- Asistencia y apoyo a la tercera edad.
- Rehabilitación e integración de las personas con discapacidades.
- Prevención de la marginación y reinserción social de los marginados.
- Prevención de las toxicomanía y rehabilitación y reinserción de los afectados.

Para la consecución de estos objetivos, los servicios sociales planifican sus actuaciones mediante diferentes vías. Concretamente, el sistema público de Servicios Sociales, estructura sus estrategias de intervención en dos niveles diferenciados: Servicios Sociales Comunitarios y Servicios Sociales Especializados, a través de una serie de programas y prestaciones.

Siguiendo a Setién y Arriola (1997), las características de los servicios son las siguientes:

- Constituyen la estructura básica del sistema público de Servicios Sociales y son el primer nivel de acceso al sistema para toda la población. Por ello, su oferta no puede estar limitada a unos colectivos o a una determinada problemática, sino que ha de estar abierta a todos los ciudadanos.
- Tienen un carácter territorial que estará determinado en función del número de habitantes y la dispersión geográfica existente.
- Son de carácter descentralizado puesto que tienen como cometido dar respuesta a las necesidades en el entorno de convivencia en que se producen, acercando los recursos al ciudadano.
- Ofertan programas y servicios dirigidos a la población en general y también a colectivos específicos.

Áreas de actuación del sistema público de Servicios Sociales:

- Por grupos de población: infancia, jóvenes, mayores y mujeres.
- Por situaciones o necesidades específicas: discapacidades, personas sin hogar, drogodependencias, migraciones, minorías étnicas, detenidos y exreclusos.

3. Técnicas grupales en el desarrollo de actividades de tiempo libre infantil y juvenil

Contenido

3.1. Metodología para la valoración y gestión de grupos: tipología, elementos y roles; fases en el desarrollo y evolución de los grupos; dinámicas grupales

3.2. Valoración de rasgos característicos y diferenciales en los grupos de tiempo libre

3.3. Análisis y aplicación de técnicas grupales (de presentación y comunicación, de conocimiento y confianza; de afirmación, cohesión, integración y clima grupal; de comunicación y cooperación; de análisis y evaluación grupal; de gestión de conflictos; de toma de decisiones, etc.)

3.4. Valoración de las funciones del/a monitor/a en el grupo: dinamización, integración, fomento de la participación y comunicación en el grupo, intervención en situaciones problemáticas o de crisis grupal

Las técnicas grupales varían en función del grupo al que se enfrenta el profesor o el dinamizador de actividades en grupo. Para ello, tendremos en cuenta las características psicopedagógicas de los alumnos con los que trabajaremos en las actividades planteadas.

Serán más directivas si el alumnado es más infantil y menos directivas si impartimos docencia a alumnado en una edad adolescente y juvenil.

3.1. Metodología para la valoración y gestión de grupos: tipología, elementos y roles; fases en el desarrollo y evolución de los grupos; dinámicas grupales

Para abordar esta cuestión hay que definir grupo: "Es una situación social en la que dos o más personas interactúan, formando un grupo, que es un todo dinámico y que es más que sus partes".

Los miembros del grupo cumplen una serie de requisitos:

- Participan en interacciones frecuentemente.
- Se definen entre sí como miembros del grupo.
- Otros los definen como pertenecientes al grupo.
- Comparten normas.
- Participan en un sistema de roles entrelazados.
- Pretenden metas interdependientes.
- Tienden a actuar de modo unitario respecto al ambiente.

Tipos de grupos

- <u>Primarios</u>: aparecen primero en el tiempo y se caracterizan por su íntima asociación y cooperación, y por su influencia en el desarrollo de la persona. Como ejemplos mencionamos la familia y la escuela.
- <u>Secundarios</u>: surgen posteriormente y aunque determinan al grupo, no lo hacen de forma tan tajante como los primarios. Ejemplo: aficiones, deportes, religión, trabajo, etc.

Los elementos del grupo son los siguientes:

- Interrelación: los miembros del grupo interactúan con cierta frecuencia de forma personal y a partir de unas pautas establecidas.
- Interdependencia: los individuos dependen unos de otros para poder alcanzar los objetivos grupales.
- Finalidad: los integrantes del grupo realizan actividades conjuntas que contribuyen al logro de los objetivos comunes.
- Percepción: el grupo es directamente observable; los miembros del grupo perciben la existencia del grupo tienen un sentimiento de pertenencia, y se comportan como grupo de cara al exterior.
- Motivación: el grupo permite satisfacer necesidades implícitas (amistad o liderazgo) o explícitas (tareas).
- Organización: el grupo tiene una determinada estructura que se traduce en la distribución de papeles, configurando un sistema de roles entrelazados que representan un cierto nivel o estatus.
- Actitud: el grupo comparte una serie de actitudes y valores que forman parte de su cultura.
- Estabilidad: la interacción entre los miembros no es algo puntual, sino que se produce con una relativa duración en el tiempo. La estabilidad vendrá dada por el tipo de grupo.
- Normas: guían la conducta de los componentes del grupo.
- Comunicación: es importante para su supervivencia.

Se entiende por rol, "el papel que desempeñan los integrantes de un grupo dentro del mismo, pero que depende del interjuego dinámico del grupo y no de las características de cada individuo".

Caparrós y López Ornat (1979) consideran que "habitualmente un rol es una función que adquiere cierta consistencia y que es detectable por los demás como tal".

De aquí, se puede hablar de cuatro tipos de roles:

- El rol asignado: es un rol necesitado por el grupo que puede ser o no asumido por el sujeto.
- El rol asumido: es un rol que se le adjudica a un sujeto y que es necesitado por el grupo, y cuya asunción puede llevar a provocar estereotipias.
- El rol complementario: es aquel que se da en función de otros roles designados a los integrantes del grupo, tiene la finalidad de guardar una homeostasis, es decir manteniendo un equilibrio con el exterior, y puede ser positiva o negativa.
- El rol suplementario: es aquel que se da en función a la competencia en un grupo, y que afecta de manera tangible el buen logro de la tarea (agresor).

A continuación, destacaremos las fases de formación del grupo. Según Worchel (1992) señala que existen seis estadios por los que pasan los grupos a lo largo de su desarrollo.

- Fase de descontento: los miembros del grupo creen que sus intereses o ideas no están bien representados y comienzan a mostrarse incómodos. Ejemplo: un sindicato en el que algunos de sus miembros están en desacuerdo en la forma de defender a sus trabajadores.
- Acontecimiento desencadenante: en ese contexto se produce un acontecimiento que agudiza las tensiones y provoca la división del grupo.
- Identificación grupal: constituye la fase inicial de un nuevo grupo. El objetivo de este nuevo grupo sería conseguir una identidad social compartida entre sus miembros y poder establecer diferencias con otros grupos para poder, así, justificar su existencia.
- Productividad grupal: una vez conseguida la identidad, el grupo debe centrarse en la consecución de objetivos. En esta fase el conflicto con otros grupos se rebaja y se toleran en alguna medida las discrepancias dentro del grupo.
- Individuación: en esta fase la cohesión grupal empieza a disminuir y comienzan a aparecer subgrupos, primero en relación con las habilidades y después en función de semejanzas en actitudes, intereses y en otros aspectos no relacionados con la productividad.
- Declive: algunos miembros del grupo deciden marcharse, mientras que otros exigen cambios en el grupo. Si los cambios no se aceptan, se pasaría al primer estadio del modelo (fase de descontento), y el ciclo volvería a empezar.

3.2. Valoración de rasgos característicos y diferenciales en los grupos de tiempo libre

La pedagogía del tiempo libre se enriquece en la consideración del grupo de niños o jóvenes y sus interrelaciones, hecho que analiza, estudia y facilita la dinámica de grupos. La consideración del grupo como referente refuerza la valoración del grupo humano como una fuerza poderosa, capaz de producir efectos de la mayor importancia para la modificación de los individuos: aumento de su actividad y productividad y, sobre todo, mayor facilitación en la tarea de su realización personal. Como dice López de Aguileta (1986): "la base de la pedagogía del tiempo libre es la relación interpersonal en un grupo, estructurada de forma educativa". Por tanto, el énfasis de la pedagogía del tiempo libre se desplaza de lo intrapsíquico a lo relacional, de lo psicológico a lo psicosocial, de la persona al grupo. En un grupo la relación que se establece en la pedagogía del tiempo libre no es diádica (entre A y B), sino múltiple dentro de un marco grupal.

Los participantes se relacionan entre sí, con el animador y con el grupo como totalidad. Y el animador pierde el monopolio de la intervención: es el grupo el que pasa a ser el principal agente animador.

La pedagogía del tiempo libre organiza la relación de manera educativa, de modo que intenta promover en el otro el desarrollo, la maduración y la capacidad de funcionar mejor y enfrentarse a la vida de manera más adecuada.

- Kurt Lewin (1880-1947), hoy reconocido por todos como el padre de la expresión **dinámica de grupos**, aportó una rica y vasta investigación teórica sobre los grupos en las perspectivas de su dinámica interna. Lewin establece sus cuatro primeras hipótesis sobre la dinámica de los grupos pequeños:

— El grupo constituye el terreno sobre el cual el individuo se sostiene. Según los casos, este terreno puede ser firme, frágil, movedizo.

— El grupo es un instrumento que el individuo utiliza para satisfacer sus necesidades físicas y psicosociales.

— El grupo es una realidad de la que el individuo parte; incluso para los ignorados, aislados o rechazados. Y, así, los reveses o los aciertos del grupo originan siempre necesariamente un impacto sobre los individuos que lo constituyen, nadie se libera totalmente de él.

— El grupo es uno de los elementos del espacio vital de un individuo, dentro del cual llevará a término su propio desarrollo mediante la actualización de sus aspiraciones y actitudes. El análisis del grupo, las fuerzas que en él interactúan es uno de los elementos más poderosos para hacer viable cualquier proyecto educativo en un grupo de tiempo libre.

Por otra parte, citaremos a continuación los valores que se consiguen en las actividades de grupo en el tiempo libre:

- Ocio activo.
- Libertad y autonomía.
- Felicidad, placer y diversión.
- Autotelismo (bienestar).
- Creatividad.
- Ocio educativo.
- Ocio en familia, en sociedad.
- Voluntariado.
- Compromiso, esfuerzo automotivado.
- Sensibilidad por lo cotidiano.
- Búsqueda de la vivencia extraordinaria.

Si extrapolamos la actividad del grupo al contexto deportivo, podemos observar las diferencias en las motivaciones y las actividades de ocio y tiempo libre entre chicos y chicas adolescentes deportistas y no deportistas. Los jóvenes adolescentes manifiestan como principales motivos que les inducen a introducirse en la práctica deportiva los siguientes: 1) Encontrarse en un buen estado de forma física y el mantenimiento o mejora de la forma física y la salud a través de la actividad físico-deportiva. 2) Conseguir a través de la práctica deportiva una mejor imagen social, tanto en relación con una mejora de la estética corporal como a un mayor reconocimiento social.

Otros de los motivos manifestados son el disfrute de la naturaleza por medio de la práctica deportiva, encontrar en la práctica deportiva aspectos de relajación y diversión y el poder estar con gente agradable en los momentos de práctica deportiva.

También citan entre sus motivos de práctica deportiva la búsqueda de nuevas emociones en actividades deportivas con cierto desafío del riesgo. Es el grupo masculino el que manifiesta un mayor nivel de motivación hacia la práctica de actividades deportivas con el objetivo de conseguir una mejora de la forma física y la salud o en su defecto el mantenimiento de la condición física actual.

Los chicos conceden mayor importancia a la obtención de una buena imagen social a través de la práctica deportiva. En cuanto a los motivos de práctica tenemos que son los hombres deportistas, junto con las mujeres no deportistas, quienes se sienten más motivados hacia la participación deportiva con el fin de conseguir mejor forma física.

Siendo los no deportistas, independientemente del sexo, los que se sienten más atraídos hacia un tipo de práctica deportiva que les posibilite el disfrute y acercamiento al medio natural.

No obstante, ambos grupos coinciden en cuanto a la disposición hacia la práctica deportiva con un marcado carácter de relajación, diversión y cierto componente de aventura controlada. Los que más se implican en la práctica de actividades deportivas son el grupo masculino y el grupo de deportistas, con relación al grupo femenino y los no deportistas respectivamente.

Como hemos podido apreciar, no se practica deporte por un solo motivo, sino por varios, que suelen incluir por lo general el deseo de hacer ejercicio físico, el de mantener un buen estado de forma física, el deseo de pasar un rato agradable y divertido y el propio disfrute que produce una actividad que gusta por sí misma.

En líneas generales nuestro estudio va en la línea del llevado a cabo por García Ferrando (1991), donde indica que son varios los motivos por los que los jóvenes se implican en la participación deportiva, siendo la propia esencia del deporte y de la actividad física, el principal motivo que impulsa a la mayoría de los practicantes, y que a dichos motivos se le añaden otros de tal manera que se configuran diversos paquetes de motivos, según se tenga mayor o menor inclinación por los aspectos lúdicos, recreativos, de relación social o de relajación que acompañan a la práctica deportiva.

En las actividades de ocio y tiempo libre, tanto el grupo de deportistas como el de no deportistas, se inclinan por la realización del mismo tipo de actividades, si bien el orden de preferencia varía ligeramente en algunos casos ya que el grupo de deportistas considera como actividad más importante el practicar deporte en un club deportivo, seguido de hacer deporte de tiempo libre (correr, esquiar, nadar, etc.), ocupando el tercer lugar el asistir a eventos deportivos.

Mientras que el grupo de no deportistas considera como actividad más importante el hacer deporte de tiempo libre (correr, esquiar, nadar, etc.), seguido de practicar deporte en un club deportivo, ocupando el tercer lugar el asistir a eventos deportivos. Parece evidente que estas diferencias se deban a las diferentes concepciones del deporte que puedan tener ambos grupos, los deportistas más orientados hacia el rendimiento, y los no deportistas más orientados hacia un deporte practica, un deporte salud.

Según Puig (1987), todos los itinerarios conducen a una práctica deportiva tipo ocio, apareciendo ésta en edades avanzadas del periodo juvenil cuando las experiencias en la competición son abandonadas, surgiendo la práctica deportiva recreativa como el final de una etapa.

3.3. Análisis y aplicación de técnicas grupales (de presentación y comunicación, de conocimiento y confianza; de afirmación, cohesión, integración y clima grupal; de comunicación y cooperación; de análisis y evaluación grupal; de gestión de conflictos; de toma de decisiones, etc.)

Las técnicas de presentación comprenden las dinámicas con las que puede contar el facilitador/a para "romper el hielo" en los nuevos grupos de trabajo. Se busca integrar a los participantes, creando un clima favorable para la capacitación. Estas dinámicas se utilizan. Al iniciar un curso o taller, especialmente cuando los participantes no se conocen entre sí, posibilitan la presentación e integración del grupo; y para generar un clima de confianza entre los participantes.

Entre las dinámicas más conocidas y fáciles de aplicar tenemos:

Las cuatro esquinas

Objetivo primario: presentación personal más pro funda de los participantes y facilitadores y comunicación.

Usos: romper el hielo intercambio personal y relación.

El día de apertura grupo meta: todos

Duración: 60 a 90 minutos

Requerimientos:

- Monitor principal.
- 1 hoja de carta para cada participante (puede ser cartulina).
- Bolígrafos para cada uno (o un marcador por participante).
- 1 alfiler o cinta para cada uno.
- 1 rotafolio.
- Eventualmente un ejemplo preparado en el rotafolio.

Preparación: Sillas puestas en círculo para todos los participantes

Pasos:

- Dibujen en el centro de la hoja un símbolo con el cual se sienten identificados y que "cuenta" algo sobre su persona.
- Indiquen en la esquina inferior derecha algunos datos personales, tales como profesión, edad, estado civil, hijos, etc.
- Escriban en la esquina superior izquierda lo que más les gusta.
- Escriban en la esquina inferior izquierda, aquello que menos les gusta.
- Nombren en la esquina superior sus expectativas del taller.
- Terminada la tarea se les pide explicar a cada participante lo que desarrolló en su cartulina a los demás participantes.
- Luego de pegan las tarjetas en un papelógrafo o rotafolio que se convierte una galería de tarjetas.
- Luego todos los participantes observan dicha galería.
- Posteriormente se pregunta cómo se sintieron, se da plena libertad para que expresen sus sentimientos los participantes.

Las técnicas grupales de comunicación son útiles para que los grupos funcionen de forma eficaz para lograr el objetivo individual o grupal. Mejoran la productividad del grupo y elevan el grado de satisfacción de los integrantes del grupo. Son herramientas de las que echa mano el docente para lograr los objetivos educativos. Hay diferentes técnicas grupales de comunicación. Entre ellas destacamos las siguientes:

- El foro: es una exposición de un tema determinado que normalmente realizan cuatro estudiantes; un moderador y tres ponentes. Se trata de un tema dividido en tres subtemas, pudiendo aumentar el número de ponentes.
- Debate: es una actividad oral que consiste en la discusión de un tema por parte de dos grupos. Defensores y atacantes. El grupo de defensores de un tema deben estar convencidos del lado positivo y los atacantes del lado negativo. Toma la palabra el primer representante del grupo defensor. A continuación, le discute el representante del grupo atacante. En el debate se adquieren habilidades para aprender a discutir, a respetar las ideas de los demás, a encontrar la verdad y la razón. Además, se aprende a ser noble, sincero y leal. Normalmente, tiene una duración de 60 minutos, pero a veces puede durar más.
- Entrevista: tiene un objetivo que es obtener información, darla, guiar, dar o recibir indicaciones o recomendaciones, etc. Sus características principales son que hay dos personas quienes participan en la entrevista y que hay muchas preguntas y respuestas en torno a un tema.
- Mesa redonda: se realiza cuando se desea el conocer el punto de vista de distintas personas sobre un tema determinado.
- Panel: se diferencia de la mesa redonda en que no se debate un tema, sino que cada uno de los expositores presenta un punto o aspecto del mismo, completando o ampliando, si es necesario el punto de vista de los otros.

- Phillips 66: consiste en dividir el salón en 6 grupos de 6 personas, las cuales discuten durante 6 minutos un tema o problema. Seguidamente una persona del grupo se reúne con los otros cinco representantes y vuelve a formar un grupo de 6, que por seis minutos más discutirán el mismo asunto, hasta que se llegue a una conclusión general. Esta técnica permite desarrollar la capacidad de síntesis, contribuyendo a superar el miedo a hablar en público, al igual que el sentido de la responsabilidad, estimulando la participación de todos los miembros del grupo.
- Cuchicheo: los miembros dialogan simultáneamente de a dos para discutir un tema o problema del momento. Cuchichear, significa hablar en voz baja a una persona, de forma que otros no se enteren, discutiendo un tema del momento. Se asemeja del Phillips 66, en que hay capacidad de hacer un resumen y se diferencia que en lugar de 6 personas hay 2 y el tiempo se reduce de 2 a 3 minutos.
- Seminario: tiene por objetivo la investigación de un tema en reuniones de trabajo debidamente planificada. Sus miembros indagan por sus propios medios en un clima de colaboración recíproca Está compuesto entre 5 y 12 miembros.
- Torbellino de ideas: su objetivo es desarrollar la imaginación creadora. Es una técnica que parte del supuesto de que si se deja a las personas actuar en un clima informal y con absoluta libertad para expresar lo que ocurre, existe la posibilidad de que aparezca una idea brillante que justifique todo lo demás.
- Simposio: consiste en reunir a un grupo de personas capacitadas sobre un tema, especialistas o expertos, las cuales exponen al auditorio sus ideas o conocimientos de forma sucesiva.
- Conferencias: es una disertación hecha ante un público. Tiene como objetivo informar, explicar, persuadir, etc. La conferencia exige un tratamiento detenido y más o menos profundo. En la conferencia se tiene en cuenta una serie de factores: el ponente, el contenido de la exposición, las circunstancias de la exposición, los canales de la comunicación y el auditorio.

Entre las técnicas grupales de conocimiento y confianza, que sirven para integrar al alumnado dentro del grupo y crear un ambiente positivo dentro del grupo, podemos citar el juego de:

Bingo loco

OBJETIVOS:

Comienza la consolidación del grupo compartiendo información con la gente que vamos a jugar.

Los objetivos a perseguir en este tipo de técnicas son:

- Fomentar un ambiente distendido y de participación.
- Favorecer la comunicación y el intercambio.
- Lograr un mayor grado de confianza y conocimiento sobre sí mismo, los demás y el propio grupo.

PARTICIPANTES: esta técnica la podemos poner en práctica con todo tipo de grupos desde los pequeños hasta los adultos.

TIEMPO: como todas las técnicas depende del número de integrantes del grupo, aproximadamente su duración es de 20 minutos.

MATERIAL: necesitamos un tablero gigante, simulando al cartón de bingo, en donde las casillas hay una serie de preguntas.

LUGAR: para esta técnica debemos de gozar de un espacio amplio para que los participantes puedan desplazarse cómodamente durante el juego.

PROCESO: se reparte a los participantes un tablero de bingo gigante en el que cada cuadrícula tiene una pregunta que debe resolver. Por ejemplo: "alguien que tenga el mismo signo zodiacal que tú", "le guste el mismo grupo de música que a ti", etc. Según vamos completando las casillas, el primer en completar una línea deberá cantarla y el primero en completar el tablero hará lo mismo cantando ¡BINGO! Dándose por acabado el juego, en ese momento podemos dejar unos minutos a todos/as para que puedan completar las casillas restantes.

OBSERVACIONES: Entre todos los integrantes del grupo comentaremos el juego, algunas de las preguntas que se harán son: cómo se han sentido, si les pareció divertida la técnica, si les gustó, etc.

Las técnicas grupales de afirmación tienen como objetivo la consolidación de cada miembro del grupo como persona única y de todos como unidad grupal. Estimula los aspectos positivos de cada uno y favorece las relaciones con los demás y la aceptación de todos los participantes.

Como ejemplo pondremos el juego de "**mi árbol**", donde cada participante dibuja en un folio, un árbol con raíces, tronco, ramas, hojas y frutos. Una vez que esté dibujado, deberá de poner en las raíces las cualidades y capacidades que cree tener; en las ramas puede poner las cosas positivas que hace, y en las hojas y frutos sus éxitos y triunfos. En una puesta en común, cada uno presentará su árbol y explicará sus características. Cualquier miembro del grupo se podrá levantar y añadir, mientras lo explica, nuevas raíces, frutos o ramas.

Las técnicas grupales de cohesión: tienen como objetivo la cohesión del grupo en sus diferentes etapas del desarrollo y mantienen sus fuerzas integradoras.

Ejemplo: **"Las velas"**. Se forman grupos de 6 personas. Cada jugador tiene una vela encendida. Juegan dos grupos entre sí. Se trata de apagar las velas del otro equipo con un soplido. Gana el equipo que al cabo de tres minutos tiene más velas encendidas o pierde aquel que le apagaron todas.

Las técnicas grupales de integración y clima grupal: estas técnicas pretenden ir logrando una mayor integración de los miembros de los grupos, entendiendo que integración no significa uniformidad, sino que supone siempre la individualidad de cada persona.

Ejemplo: "**Estira y encoge**", los jugadores se colocan en círculo. Deben estar muy atentos. El monitor o monitora cuando diga "estiren", los jugadores deben encoger los brazos y viceversa. Al principio se realizará despacio y luego paulatinamente más rápido.

Las técnicas grupales de comunicación y cooperación: estas técnicas intentan favorecer la comunicación entre sus miembros y aumentar la cohesión del grupo.

Ejemplo: "**Juegos de cartas**". El profesor o monitor reparte cinco cartas a cada persona. En las cartas, cada cual tendrá que expresar en una frase corta o en un dibujo, lo que opina del tema que está tratando. Una vez que todos han rellenado sus cinco cartas, con ideas distintas en cada una, el profesor recoge todas las cartas, las baraja y las vuelve a repartir entre todas las personas. A continuación, las ordenas según sus preferencias, en orden de importancia. Luego, por turnos, cada cual deberá irse desprendiendo de las cartas, comenzando por la que ha considerado menos importante, y explicando a los demás los motivos que tiene para ello. Se continúa hasta que en la última ronda todas las personas que en la última ronda se queden con una carta, la más importante.

Las técnicas grupales de análisis y evaluación grupal:

Son las que sirven para medir y tomar decisiones sobre el desarrollo de un proceso grupal. También se usan para modificar estrategias.

Ejemplo: "**El pajarito verde**". Sentados en ronda elegirán un integrante que tendrá que decir que va a hacer esa persona a las 8 de la mañana con el pajarito verde. Esta técnica permite al coordinador saber si el grupo ha alcanzado los objetivos programados para la tarea, al mismo tiempo se produce una participación activa de sus miembros. Como ejemplo podemos citar el siguiente relato: "Mañana, a las 8 de la mañana, José va a alimentar a su pajarito verde para que pronto pueda volar muy lejos y parar en otras casas".

Las técnicas grupales de gestión de conflictos: el conflicto es una situación en que dos o más individuos con intereses contrapuestos entran en confrontación, oposición o emprenden acciones mutuamente antagonistas, con el objetivo de neutralizar, dañar o eliminar a la parte rival, incluso cuando tal confrontación sea verbal, para lograr así la consecución de los objetivos que motivaron dicha confrontación.

Ejemplo: "**El escuadrón**". Dos equipos. Cada equipo debe hacer una nave voladora con dos hojas de papel (A4), y tienen que hacer que vuele y atraviese una distancia para llegar a un objetivo. Objetivos del juego: la nave tiene que recorrer una distancia de 5 m., debe atravesar un aro de 50 cm de diámetro teniendo tres intentos para conseguirlo. En cuanto a la retroalimentación del juego, se pretenden conseguir los siguientes objetivos:

- El monitor debe aplaudir los aciertos.
- Felicitar al equipo por el logro del objetivo.
- El equipo debe aplaudir los aciertos.
- Preguntará una serie de cuestiones para evitar conflictos intergrupales, tales como:
  - ¿Qué aprendizaje podemos sacar extraer de este juego?
  - ¿Cuál ha sido el momento más difícil?
  - ¿Qué se siente que unos grupos pasan y un grupo se queda?
  - ¿Qué sentimos al lograr el objetivo?

Las técnicas grupales de toma de decisiones: en esta técnica se recoge el sentir y las ideas de los participantes, impulsando la motivación e involucración de los miembros.

Ejemplo: el ***brainstorming*** (tormenta o lluvia de ideas) es una herramienta utilizada para posibilitar la generación de un elevado número de ideas, por parte de un grupo, y la presentación ordenada de éstas. Como ventajas señalamos las siguientes:

- Estimula la creatividad. Ayudando a romper con ideas antiguas o estereotipadas.
- Produce un amplio número de ideas. A los componentes del grupo se les anima a expresar las ideas que vienen a su mente sin ningún prejuicio ni crítica.
- Permite la implicación de todos los miembros del equipo. Se construye un entorno que hace posible la participación de todos.

3.4. Valoración de las funciones del/a monitor/a en el grupo: dinamización, integración, fomento de la participación y comunicación en el grupo, intervención en situaciones problemáticas o de crisis grupal

El monitor de tiempo libre que tiene por función educar a los/as chicos/as y encauzar las relaciones que establecen entre ellos. Además, se encarga de todos los aspectos relacionados con la actividad a llevar a cabo.

El monitor es una persona que aporta sus conocimientos y aplica sus métodos que ayudan al desarrollo individual y grupal. Ante todo el monitor tiene que conocer la realidad y la del grupo.

Debe conocerse a sí mismo e intentar conocer al grupo: edad, entorno psicosocial, familia, amigos, motivaciones y necesidades, influencias externas, etc.

¿Qué pedagogía debe tener el monitor de tiempo libre?

- Motivador.
- Trasmisor de confianza.
- Tener buen estado de ánimo.
- Poseer conocimientos técnicos.

¿Qué capacidades debe poseer el monitor de tiempo libre?

- Capacidades funcionales (animador del grupo).
- Capacidades personales (madurez y estabilidad psíquica).

Un buen monitor debe tener una serie de conocimientos fundamentales para desarrollar su trabajo con plenas garantías, entre ellos citamos los siguientes: formación cultural, educación para el desarrollo (salud, ambiental, valores), conocedor de las etapas psico-evolutivas del alumnado con el que trabaja y conocedor de técnicas de trabajo (expresión, creatividad, tiempo libre, juegos, deporte, etc.).

El monitor no trabaja solo, sino que trabaja en equipo. Para ello, desarrolla una serie de técnicas que son las siguientes: secuenciador, metodológico, dinamizador, interlocutor, y coordinador.

Por último, las cualidades de un buen monitor son los siguientes:

Participativo, moderador, entrenador, testigo, estimulador, da ejemplo.

CONCLUSIONES:

Este libro está dirigido a profesionales de la enseñanza que cada día se enfrentan a la realidad educativa, tan diversa y compleja. En la actualidad, la enseñanza ha cambiado a un ritmo inferior al de la sociedad. El alumnado tiene cada vez menos respeto por el docente o monitor que dirige la actividad o clase. Los gobiernos deben trabajar mucho en este sentido y reconducir la situación actual de la enseñanza. Los profesores o monitores de tiempo libre pueden marcar para siempre una etapa crucial en nuestra vida y ser un orientador con vistas al futuro. Por eso, habría que comentar que el juego es una referencia importante para la formación de los grupos y su cohesión. El buen funcionamiento del grupo depende principalmente del dinamizador, que debe tener unos conocimientos útiles para que el alumnado logre interaccionar con el grupo. Los grupos que se consigan formar en estas edades pueden durar toda la vida.